中小企业
财务转型之路

温梁娟◎著

中国铁道出版社有限公司
CHINA RAILWAY PUBLISHING HOUSE CO., LTD.

图书在版编目（CIP）数据

中小企业财务转型之路 / 温梁娟著. -- 北京：中国铁道出版社有限公司，2025. 10. -- ISBN 978-7-113-32530-5

Ⅰ. F276.3

中国国家版本馆 CIP 数据核字第 2025805B1Q 号

书　　名：中小企业财务转型之路
　　　　　ZHONG-XIAO QIYE CAIWU ZHUANXING ZHI LU

作　　者：温梁娟

策划编辑：王　佩
责任编辑：杨　旭　　编辑部电话：（010）51873274　　电子邮箱：823401342@qq.com
封面设计：郭瑾萱
责任校对：苗　丹
责任印制：赵星辰

出版发行：中国铁道出版社有限公司（100054，北京市西城区右安门西街 8 号）
网　　址：https://www.tdpress.com
印　　刷：河北宝昌佳彩印刷有限公司
版　　次：2025 年 10 月第 1 版　2025 年 10 月第 1 次印刷
开　　本：710 mm × 1 000 mm　1/16　印张：12.25　字数：169 千
书　　号：ISBN 978-7-113-32530-5
定　　价：58.00 元

版权所有　侵权必究

凡购买铁道版图书，如有印制质量问题，请与本社读者服务部联系调换。电话：（010）51873174
打击盗版举报电话：（010）63549461

前　言

在当下的经济浪潮中，中小企业正经历着数字化转型的洗礼，同时也受制于传统财务管理模式。账目杂乱无章、决策迟缓滞后、风险不断涌现，这些成了中小企业普遍面临的难题。而资金紧张、专业人才短缺、技术工具落后，更是让企业的转型之路举步维艰。本书正是为解决这些实际困境而创作——不空谈理论，只专注于中小企业能够落地实施的转型策略。

我们实地走访了 30 多家制造、商贸类企业，发现发展良好的企业都有一个共同特点——将财务部门从"账房先生"转变为"战略军师"。例如，一家年营业收入 8 000 多万元的汽配厂，他们用三个月时间搭建了简易版财务中台，打通了订单、库存、回款的流程，现在每周都能为销售团队提供客户账期健康度预警，坏账率直接下降了 40%。这种实实在在的转变，正是本书要传达的核心——利用有限资源实现财务价值的突破。

全书共十章，具体章节安排如下：

第一章　重塑财务：转型的浪潮与深远意义。从时代背景出发，揭示中小企业若固守"老一套"将面临的发展瓶颈，提出"财务转型是企业穿越周期的基本盘",并通过多个典型案例揭示问题本质。

第二章 扬帆起航:明确财务转型的宏伟蓝图。聚焦"目标设定"与"成效评估"两大核心任务,帮助企业精准锁定转型的关键发力点:从现金流健康度优化、全链条成本控制,到为业务决策提供数据支撑。提供一套量化指标体系,让企业在转型过程中既能明确方向,又能实时追踪进展,避免"盲目投入却不见成效"的困境。

第三章 策略先行:规划转型的制胜之路。针对中小企业普遍面临的痛点,提供"选路径、设节奏、定里程碑"的方法论,帮助企业在预算有限、人手不足的情况下,也能循序渐进推进财务改革。

第四章 数字基石:构建财务管理的"未来之城"。对比市面常见的 ERP 系统与财务软件的优劣势,指导企业根据自身规模和业务复杂度等核心变量选择合适工具,并强调数据安全防护和系统稳定性建设的基础逻辑。

第五章 流程革命:自动化与优化的双重奏。从标准化、自动化、移动化三个维度出发,介绍如何重构财务流程,包括机器人流程自动化、移动审批、线上票据管理等方式,助力企业实现降本提效。

第六章 智能引擎:财务决策的智慧升级。探索大数据和人工智能在财务管理中的应用场景,如数据建模、趋势预测、实时预警系统,强调财务不止是记录过去的"账房",更是洞察未来的"智囊"。

第七章 跨界融合:财务与业务的交响乐章。解读财务如何真正"走向一线",提供财务深度介入业务的实操方法。设计了实用的业财融合流程,让财务真正成为业务的"合作伙伴"而非"旁观者"。

第八章 安全之翼:风险与合规的双重保障。聚焦税务风险、资金漏洞、合规压力等实际问题,梳理高频风险场景,配套提供预警机制、合规台账模板与制度建设建议,实现"发展与安全"的双重保障。

第九章 人才战略:打造财务管理的梦之队。针对中小企业"没人用""人难留"的现实困境,讲述如何识别、培养和激励具备数智化思维的财务人才。同时,通过组织架构优化提升团队协同力,让有限的人力发挥最大效能。

第十章　持续卓越:转型评估与进化的征途。强调转型不是一次性任务,而是动态演进过程。引入绩效指标体系、滚动预算机制,以及来自真实企业的转型成果复盘案例,帮助企业构建"自我进化型财务系统"。

二十年服务中小企业的经验告诉我们:财务转型没有统一的标准答案,但存在经过验证的生存法则。本书就像一份路线图,标注了企业在不同发展阶段需要攻克的关键节点。当我们见证了太多企业因财务失控而失败,也更加坚信——在充满不确定性的时代,扎实的财务管理是中小企业穿越周期的护身符。

温梁娟

2025年3月

目　录

第一章　**重塑财务：转型的浪潮与深远意义** / 1
　　第一节　转型：时代呼唤下的必然选择 / 1
　　第二节　透视现状：财务管理的痛点与挑战 / 9
　　第三节　刻不容缓：转型的紧迫性与必要性 / 16

第二章　**扬帆起航：明确财务转型的宏伟蓝图** / 24
　　第一节　领航未来：确立转型的核心目标 / 24
　　第二节　精准施策：提升效率的量化指标 / 29
　　第三节　智慧决策：强化决策支持的能力 / 33
　　第四节　风险防控：成本控制与量化的安全网 / 40

第三章　**策略先行：规划转型的制胜之路** / 46
　　第一节　洞察趋势：市场与行业的风向标 / 46
　　第二节　路径抉择：数字化转型与智能飞跃 / 58
　　第三节　里程碑：分阶段迈向成功的足迹 / 65

第四章　**数字基石：构建财务管理的"未来之城"** / 74
　　第一节　软件升级：ERP 系统与财务软件的智慧之选 / 74
　　第二节　云上布局：数据中心与服务的云端之旅 / 79
　　第三节　安全护航：网络与数据的双重守护 / 84

i

第五章　流程革命：自动化与优化的双重奏 / 88

第一节　流程再造：标准化与高效化的舞步 / 89
第二节　自动驾驶：机器人流程自动化引领的财务自动化浪潮 / 98
第三节　移动办公：财务自由的新时代 / 102

第六章　智能引擎：财务决策的智慧升级 / 112

第一节　数据驱动：大数据与人工智能的财务新视野 / 113
第二节　模型预测：财务未来的精准导航 / 116
第三节　实时预警：财务报告的"守夜人" / 123

第七章　跨界融合：财务与业务的交响乐章 / 128

第一节　协作共赢：跨部门合作的桥梁 / 128
第二节　数据集成：财务与业务的无缝对接 / 132
第三节　业务智囊：财务对业务决策的支持 / 137

第八章　安全之翼：风险与合规的双重保障 / 142

第一节　风险预警：未雨绸缪的防线 / 143
第二节　合规管理：稳健前行的基石 / 147
第三节　应变之道：灵活应对市场与政策的风云变幻 / 151

第九章　人才战略：打造财务管理的梦之队 / 156

第一节　技能升级：数智化时代的财务精英 / 157
第二节　人才汇聚：高素质人才的引进与激励 / 163
第三节　团队优化：组织架构的智慧调整 / 167

第十章　持续卓越：转型评估与进化的征途 / 172

第一节　成效评估：转型成果的精准度量 / 173
第二节　持续优化：不断进化的路径探索 / 178
第三节　成功之道：案例分享与经验的璀璨光芒 / 182

后记　/ 187

第一章 重塑财务：转型的浪潮与深远意义

在时代浪潮的推动下，中小企业的财务管理正经历一场深刻的变革。从传统的"账房先生"到现代化的"战略军师"，财务部门的职能已经超越了单纯的账务核算，转型成为企业战略的重要支撑力量。然而，对于大多数中小企业而言，财务转型并非一件轻而易举的事。有限的资源、传统观念的束缚及日益复杂的外部环境，使得转型之路充满挑战。

本章首先从宏观视角入手，揭示为何财务转型是当下时代的必然选择。科技的进步、市场的多变及监管的严格，都要求企业在财务管理上不断创新与突破。接着，通过透视当前中小企业财务管理中的典型痛点——从效率低下到风险防控不足，剖析转型的驱动力及阻碍企业前行的关键因素。最后，我们将讨论财务转型的紧迫性，帮助企业认识到延迟变革可能带来的危机，以及抓住时机转型对企业可持续发展的深远意义。

第一节 转型：时代呼唤下的必然选择

我的一位朋友张总跟我说："每到月底，财务部就像战场，每个人忙得焦头烂额，可还是有客户催账、有供应商抱怨付款延迟。明明业务还不错，可为什么财务总是拖后腿？"这番话让我很有共鸣。实际上，许多中小企业的负责人可能都和张总一样，面对业务快速发展的局面，却发现企业的财务管理跟不上节奏，效率低、数据滞后、缺乏系统性的问题层出不穷。

回到大环境上看，我们正处于数字化、智能化的浪潮中，企业的运营模式正在被重新定义。无论是大公司还是小企业，都不得不面对转型的挑战。这不仅仅是为了跟上技术发展的步伐，更是关乎企业生存的必然选择。在这个信息时代，决策的速度和精准度成为竞争的关键，财务管理作为企业的核心支柱，必须迎头赶上。

你可能会问："我的企业规模不大，财务部就两三个人，转型真的有必要吗？"答案是肯定的。财务转型不一定意味着要投入大笔资金或购置昂贵的软件，更多的是对管理思维和业务流程的优化。通过一些小的改变，比如借助现成的工具优化流程、提升数据透明度、增强财务与业务的协同，企业完全可以快速实现转型的初步目标。只有"变"才能"赢"。

在企业的发展旅程中，财务管理往往被视为幕后英雄，默默支撑着企业的运转。然而，随着市场环境的迅速变化和竞争加剧，传统的财务管理方式逐渐显得力不从心。财务转型，已经成为企业高质量发展的必修课，尤其是对中小企业而言，它甚至关乎生存与发展。

1. 效率为王：在"快时代"中抢占先机

"时间就是金钱"这句话在数字化时代显得尤为重要。当客户要求更快的响应速度、供应商期待更高效的结算周期时，传统财务管理的低效问题便暴露无遗。一些中小企业仍停留在纸质单据、手工做账的阶段，每月的财务报表生成需要数天甚至数周，不能及时提供数据支持，往往错失关键决策时机。

通过财务转型，企业可以利用自动化工具和数字化系统将效率提升到新高度。例如，利用机器人流程自动化（RPA）处理重复性任务，如发票录入、对账和工资核算，不仅可以大幅减少人工错误，还能解放财务人员的时间，专注于更具战略意义的工作。以一家初创电商公司为例，在采用RPA后，其月度财务结算时间从一周缩短到仅需两天，不仅改善了现金流管理，还提高了员工的满意度。

企业管理者必须认识到，效率不是奢侈品，而是基本要求。在一个讲究速度的时代，唯有快速反应才能在竞争中赢得优势，而财务转型正是实现这一目标的关键。

2. 精准决策：从"拍脑袋"到"有依据"

财务报表不仅是记录企业财务状况的工具，更是支撑企业精准决策的重要依据。资产负债表反映企业的"战场布局"，展示了企业的资源配置和财务平衡；损益表体现了企业"战争"的成败，揭示了经营成果的动态；而现金流量表则如同"子弹储备"，直击企业资金的质量和风险。这三者共同组成了企业经营的"晴雨表"，为管理层提供全景视图，帮助企业从经验驱动转向数据支撑，如图1-1所示。

然而，许多中小企业的决策仍然更多依赖经验或直觉。这种方式在市场变化较慢时或许还能奏效，但在当今高速变化、竞争激烈的商业环境中，缺乏数据支撑的决策无异于在风浪中盲目航行。

通过财务转型，企业可以借助现代工具，将分散的数据整合为一个全面、动态的视角。比如，一家制造企业通过实施商业智能（BI）系统，将资产负债表的资源配置、损益表的盈利能力和现金流量表的资金流向结合起来，进行深度分析。他们发现某些原材料的采购成本过高，且对产品边际利润影响较大，及时调整了供应商策略，成功减少了20%的成本浪费。同时，企业通过动态监控现金流，避免了因资金短缺而错失市场机会的风险。

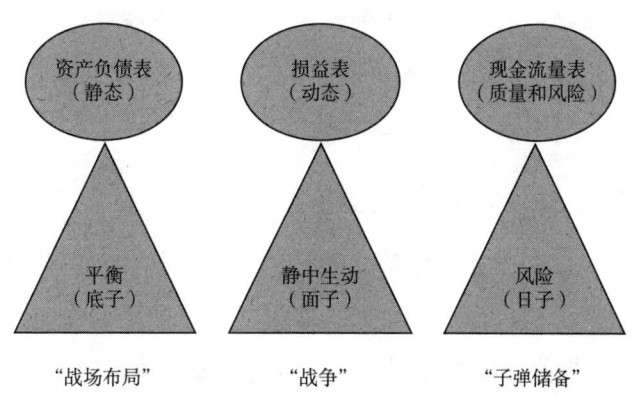

图1-1 "三表同框"看企业经营情况

财务数据不仅要"看得见",更要"用得上"。企业管理层可以通过清晰的指标和逻辑,将财务分析从静态记录转化为动态工具,为每一个战略决策提供科学依据。正如图1-1所示,资产负债表、损益表和现金流量表三者的整合与分析,不仅让企业看清现状,更能抓住机遇,降低风险,实现决策的精准落地。

中小企业不需要大而全的解决方案,而是应结合自身特点,选择适合的工具,逐步培养基于数据决策的文化,从根本上告别"拍脑袋"的时代。

3. 成本优化:利润的第二来源

许多中小企业的负责人都有这样的困惑:明明订单增长了不少,但利润却没有显著提高,甚至还在下滑。这往往是因为企业没有在成本管理上做好功课,导致资源浪费和隐性成本的增加。

财务转型的另一个核心目标是帮助企业优化成本结构。在转型过程中,企业可以通过精细化的成本管理工具,找出哪些环节存在浪费。以某家中型餐饮连锁企业为例,其财务团队通过对食材采购、配送和库存管理进行系统分析,发现仓储成本占比过高。通过调整供应链管理流程,企业成功将物流成本降低了15%。

中小企业在转型时,可以从细节入手,例如优化薪资结构、减少低效开支、实施更精准的预算管理。通过一点一滴的改进,不仅可以提升利润率,还能为未来的发展积累更多资源。

4. 拥抱协同:让财务真正走向前台

长期以来,许多中小企业的财务部门往往被认为是"后台部门",仅仅负责记账、报税和出报表。然而,随着企业转型需求的加剧,财务必须走出"后台",与业务部门协同合作,成为企业发展的核心驱动力。

例如,在制订市场拓展计划时,财务团队可以通过分析客户的消费数据，提供潜在市场的盈利预测；在进行设备采购时，可以通过现金流分析，为管理层提供多种融资方案的对比。只有让财务真正融入业务，企业才能实现资源的高效配置和战略的精准落地。

一家物流企业通过强化财务与业务的协同，利用数据分析优化了配送线路，不仅节约了油耗，还提高了客户的配送满意度。这种跨部门合作的模式，不仅增强了财务团队的价值感，也让整个企业的运作更加顺畅。

5. 顺应潮流：转型不再是未来，而是当下

技术的飞速发展，让企业转型的门槛大幅降低。从基础的云计算服务，到功能强大的财务管理软件，许多工具都已经变得经济实惠，甚至有些是免费的。例如，小型企业可以通过免费版的云端记账工具，快速实现财务数字化管理；而一些开源的BI软件，则为企业提供了高度灵活的分析功能。

更重要的是，转型不仅仅是技术的迭代，更是观念的升级。在竞争日益激烈的环境下，那些仍抱着"走一步看一步"心态的企业，很可能在未来被市场无情淘汰。作为中小企业的管理者，我们需要勇敢迈出第一步，拥抱变化、顺势而为。

案例链接

一家摩托车配件公司的财务困局与转型之路

一、案例背景

杨总的公司主要经营摩托车机油、电动车电池及相关配件，供应商包括中国石油化工股份有限公司及多家电瓶和配件生产厂家。其客户群体主要是市县级经销商和修理铺，数量多且分布零散。企业运营看似忙碌，但实际效益却难以体现。一年下来，不仅利润微薄，甚至库存账目频频出错，资金周转不畅，成为公司发展的巨大掣肘。

杨总通过朋友介绍联系了我，希望能够帮助公司摆脱这一困境。刚到公司时，杨总便开门见山地说："温老师，我们公司每天都忙得热火朝天，但一年下来却不见赚钱，库房库存总对不上，问题真不少。"

二、情况分析

经过初步了解和深入访谈后，问题逐渐浮出水面。

1. 财务管理手段落后

公司仍然采用手工账记录总账，且发货单使用的是从网络下载的简单库存管理软件。这种低效的管理方式导致数据频繁丢失，严重影响对账和管理效率。每次与客户对账都要依赖手工整理的单据，单据遗失的情况时有发生，直接造成货物"白送"的现象。

2. 以旧换新政策漏洞

电动车电瓶供应商提供以旧换新的优惠政策，但由于销货单管理不善，部分司机利用管理漏洞截留旧电瓶回款，造成公司直接经济损失。

3. 对账和资金管理混乱

与客户对账全靠每月装订的单据记录，效率低下且漏洞频发。资金回款也缺乏系统追踪，每月经常出现回款不及时或资金缺口问题。

4. 库存管理混乱

库房账目与实际库存数据频繁对不上，盘点和核对工作不仅耗时耗力，而且经常无法及时发现问题。

这些问题共同造成了公司财务运转的低效和漏洞，使得看似红火的生意背后实则问题重重，严重制约了公司的发展。

三、解决方案

针对上述问题，我结合公司现有人员的专业水平和业务特点，提出了一套综合性的改进方案。

1. 引入库存和总账模块管理软件

建议公司引入正规库存管理模块与总账模块软件，实现每日发货单的数字化管理，发货单数据自动生成总账的应收账款，减少手工操作带来的错误和工作量。

2. 财务与库房协同对账

要求财务部门次日与库房主管对账，核对前一日的发货单。一旦发现差异，应及时与送货司机沟通，追溯问题源头并立刻纠正。

3. 建立以旧换新专用台账

针对以旧换新政策，单独设立专用台账，详细记录旧电瓶的回收和补贴情况。同时强化管理制度，明确司机职责和回款流程，堵住管理漏洞。

4. 加强盘点与资金管理

每月 25 日进行全库房盘点，确保账实一致；每日登记资金报表，详细记录收回的款项，并通过每周与客户对账的方式，及时催收货款。

5. 定期培训与监督

定期对财务人员和库房管理人员进行业务培训，提升专业技能，同时设置监督机制，确保各项流程得到有效执行。

四、实施效果

方案实施三个月后,杨总反馈:"库存账务没有以前那么多差错了,重要的是回款也好了,以旧换新政策的利润比以前高了很多。"

在新系统的支持下,公司的财务管理发生了以下显著变化。

a.库存管理更加精确,减少了库存盘点的差异率。

b.资金周转效率提高,现金流更加稳定。

c.以旧换新政策管理完善,避免了司机私自截留旧电瓶款的情况。

d.财务核对流程的透明化和及时性提升了管理效率。

目前,公司在改进基础上进一步优化了流程,逐步迈向了精细化管理的道路。

五、思考与启示

1.财务是企业管理的核心工具

杨总公司最初的管理问题,根本原因在于财务管理方式的滞后性。企业财务不仅是记账和对账,更是运营效率和决策支持的基石。只有高效透明的财务管理,才能为公司的发展保驾护航。

2.流程优化是提升效率的关键

财务与业务的无缝衔接、每日核对机制及定期盘点流程,能有效减少风险和差错,提高公司运营效率。

3.人才与工具同样重要

专业化的财务软件和技能过硬的团队是推动转型的"双引擎"。公司应注重对工具的引入和对员工的技能培训。

4.信息化是提升管理效率的必由之路

在数智化时代,手工账务和低效系统已经难以满足公司管理的需求。引入信息化管理工具,不仅能提升数据处理效率,还能减少人为错误，提高决策的科学性。

5.财务转型需要"细水长流"

财务管理并非一蹴而就的工作，而是一个持续优化的过程。通过日常对账、定期盘点、客户催款等具体措施，逐步完善公司财务体系，才能实现长效管理。

第二节　透视现状：财务管理的痛点与挑战

2024年，我参加了一场中小企业财务管理的研讨会，会上，一家服装生产企业的财务总监分享了他们的困境：账目繁杂、财务系统效率低下，尤其是每次报税都要通宵加班。他们的企业负责人听了之后无奈地笑着说："我们企业忙的时候，财务部就变成了救火队长，没时间分析数据，更别提支持什么决策了。"

这不是个例，而是许多中小企业的缩影。根据调查研究，中小企业在财务管理上的主要难点集中在数据滞后、决策支持不足、成本控制乏力、技术落后、文化与意识不足等。

这些问题的根源在于传统财务管理模式已经跟不上时代的需求。以往仅靠人工或简单的软件管理财务数据还能勉强应付，但在今天复杂多变的市场环境中，这种模式显然已经"掉队"，需要打破固有的模式，与时俱进。

企业的财务管理，就像汽车的发动机，决定着运转的效率与稳定性。然而，在当今复杂多变的商业环境中，中小企业的财务管理往往面临诸多痛点，这不仅阻碍了企业的发展，也削弱了其市场竞争力。对于中小企业来说，这些痛点虽然常见，但并非无解。在这部分，我们将深入剖析这些痛点的本质，并提出相应的解决方法，帮助企业走出困境，如图1-2所示。

中小企业财务转型之路

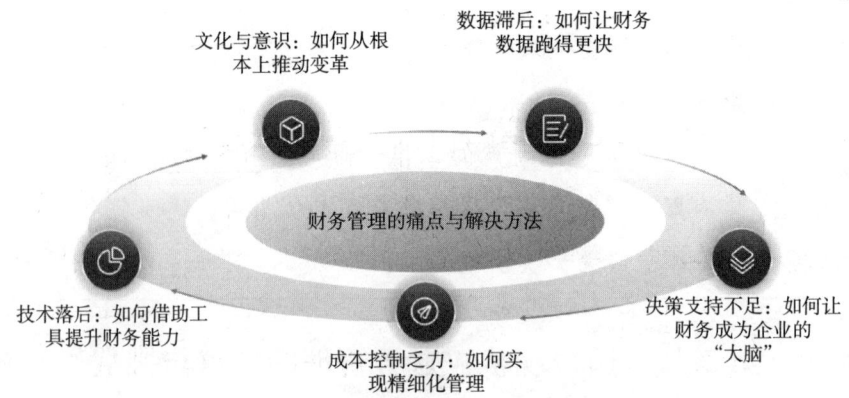

图1-2 财务管理的痛点与解决方法

1. 数据滞后：如何让财务数据跑得更快

在不少中小企业中，手工账务处理和低效的财务软件依然普遍存在。财务数据的滞后性导致管理层无法实时掌握企业的经营状况，做出的决策往往"慢半拍"，甚至因为数据不准确而偏离方向。

（1）问题表现

a.数据录入依赖手工，效率低下且容易出错。

b.多个系统间缺乏整合，数据需要反复导出和校对。

c.财务报表生成周期长，难以及时支持业务决策。

（2）解决方案

a.引入自动化工具。使用简单易用的财务软件或ERP系统，将重复性工作交给系统完成。比如，云端财务工具不仅能自动同步数据，还能让管理者随时查看最新的报表。

b.统一数据平台。整合企业的财务和业务数据，消除信息孤岛。比如，通过使用中小企业友好的集成工具（如Power BI或金蝶云，畅捷通T+专属云），将采购、销售、库存等数据集中展示，提升透明度。

c.数据标准化。制定清晰的财务数据录入规范，避免因操作不一致导致的误差。数据跑得快了，决策才能更精准，中小企业的管理者不再需要

"摸着石头过河"，而是依靠真实的数据"导航"。

2.决策支持不足：如何让财务成为企业的"大脑"

不少企业的财务部门长期扮演"账房先生"的角色，只关注如何记账、对账，而忽略了对管理层的战略支持。导致企业在市场竞争中缺乏财务视角的分析，机会稍纵即逝。

（1）问题表现

a.财务部门过于关注事务性工作，缺乏时间深入分析数据。

b.数据分散，难以提炼有价值的建议。

c.管理层与财务部门沟通不畅，缺乏清晰的需求指引。

（2）解决方案

a.设立"决策支持"专职人员：在财务团队中培养或引入懂数据分析的专职人员，通过财务视角分析业务表现，为管理层提供多维度建议。

b.建立快速响应机制：当管理层需要决策支持时，财务部门能在短时间内准备好相关数据和分析报告。例如，借助自动化报表生成工具，可显著缩短数据处理时间。

c.加强沟通：管理层定期与财务团队沟通，明确财务部门的角色不仅仅是"管账"，更是为战略决策提供支持。

财务部门不应是"救火队长"，而应成为"战略参谋"，为企业每一次重大决策提供科学依据。

3.成本控制乏力：如何实现精细化管理

对于中小企业来说，利润空间有限，稍有不慎就可能因成本失控而陷入危机。然而，由于缺乏科学的预算管理工具和方法，许多企业的成本管理仍处于"粗放式"状态。

（1）问题表现

a.财务与业务部门脱节，预算难以精准分配。

b. 缺乏动态监控机制，无法及时发现异常支出。

c. 预算编制和执行流程复杂，浪费大量时间和精力。

（2）解决方案

a. 引入精细化预算工具：使用适合中小企业的预算管理工具（如简化版 ERP 系统），实现成本的实时监控。

b. 动态调整预算：通过设立灵活的预算机制，根据业务需求调整资源分配，避免因市场变化导致的浪费。

c. 培养"全员成本意识"：通过财务培训让业务部门也具备基本的成本管理能力，减少资源浪费。

成本控制不仅是财务部的事，更需要业务部门的配合。只有全员协作，企业才能真正做到"花小钱，办大事"。

4. 技术落后：如何借助工具提升财务能力

技术是企业提升效率的利器。然而，许多中小企业因为预算有限或缺乏技术能力，仍然停留在"低技术"的管理阶段，这使得企业在面对复杂环境时显得力不从心。

（1）问题表现

a. 系统功能单一，难以满足多样化需求。

b. 财务人员技术能力不足，无法充分利用现有工具。

c. 对新技术的接受度低，转型步伐迟缓。

（2）解决方案

a. 从小工具开始：不一定需要一次性更换整个系统，可以从简单的工具入手，如使用在线记账平台、自动对账工具等。

b. 加强技能培训：为财务团队提供技术培训，例如学习数据分析工具（如 Excel 高级应用、Power BI 等）和自动化工具（如 RPA）。

c. 循序渐进：将技术引入作为一个渐进式的过程，优先解决最突出的痛点。例如，从报税自动化开始，再逐步引入更复杂的分析工具。

技术不是财务转型的全部，但它是不可或缺的起点。中小企业完全可以以低成本方式迈出第一步。

5. 文化与意识：如何从根本上推动变革

许多财务管理问题的背后，不是技术或流程的缺陷，而是企业文化和管理意识的问题。部分管理者仍然将财务部视为"辅助部门"，未能真正赋予其战略性角色，这种思维限制了企业的发展。

（1）问题表现

a. 管理层不重视财务部的战略作用。

b. 财务部缺乏变革动力，仍然停留在旧有模式。

c. 整个企业缺乏数字化转型的意识。

（2）解决方案

a. 管理层带头推动：企业负责人应明确财务部在企业战略中的核心地位，为财务团队赋能。

b. 构建转型激励机制：设置与财务管理改进挂钩的绩效考核指标，让财务人员参与变革并从中获益。

c. 营造学习氛围：在企业内部推行数字化和精细化管理的理念，让财务团队和其他部门都认识到转型的必要性和价值。

企业文化的改变，往往比技术升级更加深远。只有管理者和员工的思维都转变了，财务管理的变革才会真正落地。

> ◎ 案例链接
>
> ### 财务管理的难题与坎儿——张总的烦恼
>
> 张总经营着一家做汽车零部件的工厂，这几年生意越做越大，年销售额不断地往上涨，都快到3 000万元了。张总是个技

术能手，对造车那些事儿门儿清，可一说到财务管理，他就直挠头。

一、财务新手当家，企业管理者心里没底

刚创业那会儿，张总觉得财务就是记记账、算算数，找了个刚毕业的小姑娘来管。结果这小姑娘对财务一知半解，账本乱得跟麻团似的，资金流向也搞不清楚。张总想看个报表，得等上好几天，而且报表数据还不一定准确。

二、数据满天飞，哪个是真的

有一天，张总想知道上个月卖了多少零件，先问了销售部门，销售部门说了一个数。张总不放心，又去问财务部门，财务部门报的数跟销售部门所说的数值相差甚远，张总不知道该信谁的。

后来一查，原来是统计口径不一样，销售部门算的是发货数，财务部门算的是到账数。张总让两个部门统一了标准，这才把事儿给捋顺了。

三、账本糊涂，决策靠猜

张总想调整生产线，想看看哪条线最赚钱，结果财务那边给不出细账，只能说个大概。张总心里没底，只能凭感觉来。

最后张总决定还是要进行精细化管理，于是让财务把每条线的成本、收益都分开算，虽然一开始挺麻烦，但从长远看，决策有据可依，心里踏实多了。

四、指标乱套，管理乱麻

工厂大了，事儿也多了，张总发现自己成天忙得团团转，还是管不过来。想抓几个关键指标，结果财务那边给的数据乱七八糟，根本看不出个所以然。

张总干脆请了个管理顾问，帮着建立了一套KPI（关键绩效指标）体系，从生产效率到成本控制，一目了然。虽然刚开始大家不太适应，但慢慢地，管理效率上来了，张总也轻松了不少。

五、预算一推，全员抵触

张总听人说预算管理好，能控制成本，提高效益，于是就想着在工厂里推行。结果一提这事儿，销售、生产、采购各个部门都叫苦连天，说这事儿太难为人了。

张总一看这架势，知道急不得，就先从小处着手，慢慢给大家讲解预算的好处，一步一步来。虽然一开始进度慢，但至少没引起反弹，算是开了个好头。

六、税务问题，心惊胆战

张总以前对税务不太上心，觉得能省就省。结果现在规模大了，税务问题已演变为棘手的难题。

张总赶紧找了个税务专家，把以前的账都捋了一遍，该补的补，该调的调。虽然增加了成本，但至少心里不慌了。

七、想改改不了，愁上加愁

张总也知道财务管理得改革，可试了几次，效果都不好。现在一提财务管理，他就头疼，干脆把心思又放回到了销售和生产上。

后来张总想明白了，财务管理这事儿得慢慢来，不能急。他决定，先打好基础，再逐步优化。虽然过程漫长，但至少方向是对的，总比原地踏步强。

第三节　刻不容缓：转型的紧迫性与必要性

一则新闻让我深有感触：一家经营了十多年的小型零配件制造公司因资金链断裂而宣布破产。他们的核心问题并不是没有市场需求，而是对财务状况缺乏清晰的掌控，导致决策失误，在原材料价格波动时盲目扩张，最终难以为继。

这样的事情在中小企业中并不罕见。市场竞争日益激烈，稍有不慎就可能面临淘汰。在这种背景下，财务管理的转型不仅是为了提高效率，更是企业应对风险、把握机遇的"生命线"。试想一下，如果上述企业在决策时能通过财务分析预测材料成本的上涨，并及时调整采购策略，结局会不会不一样？

财务转型的紧迫性还体现在政策环境的变化中。近年来，税收政策不断调整，企业需要更快速地应对合规性要求；与此同时，银行贷款审核对财务数据的精准性要求越来越高，传统的粗放式财务管理模式已经不再适用。因此，转型不仅是时代的呼唤，更是每一家中小企业的必修课。

中小企业正处在一个前所未有的变革时代。技术进步、市场竞争和政策变化交织在一起，对企业的生存和发展提出了全新的要求。在这样的背景下，财务管理不仅是一项内部工作，更是企业稳健运营、降低风险、抓住机遇的关键。

1. 市场竞争加剧：财务转型是生存的必然选择

在当今商业环境中，行业竞争的焦点已不仅限于产品和服务，更在于资金流转速度、成本控制及盈利能力。零配件制造业等领域面临的原材料价格波动、客户需求快速变化，要求企业必须具备灵活的财务应对机制。

价格竞争导致利润空间压缩，现金流压力增大，客户回款周期延长而供应商付款要求不变，以及缺乏数据支持的短视决策风险，都迫使企业必须通过财务转型来建立实时监控成本、动态管理现金流的系统。财务转型后，财务角色从"救火队长"转变为管理层快速适应市场变化的"导航仪"，成为企业生存的必然选择。

2. 政策环境复杂：财务转型是合规的必修课

现如今，税收政策和监管要求的频繁调整对中小企业提出了严峻挑战。税务监管日益数字化，如金税四期的实施，要求企业财务报表与税务申报数据一致。同时，环保补贴、行业扶持等政策实施已深度嵌入财务数据验证体系，银行贷款审核也对财务数据的真实性和透明度提出了更高要求。

在这样的政策背景下，中小企业必须通过财务转型建立合规管理体系，避免税务罚款和信誉受损，利用数字化工具提升财务透明度，满足银行和投资方的严格要求，并主动适应政策变化，以争取更多政策红利。

3. 科技浪潮涌现：财务转型是企业发展的必经之路

随着数字化和智能化技术的快速发展，财务管理领域正经历从传统事务性操作向智能化、分析化方向的深刻转型。中小企业面临这一挑战的同时，也迎来了提升竞争力的机遇。

人工智能和大数据技术能够高效分析大量财务数据，为决策提供精准支持；RPA技术则能替代人工完成重复性财务任务，提高效率并降低成本；云端财务系统使得财务数据随时随地可访问，助力决策者实时掌控全局。财务转型使企业能够从"事后算账"转向"事前预警"，提高数据时效性和准确性，并以较低成本获取大企业级的智能化财务管理能力，实现"弯道超车"。

4. 内部管理升级：财务转型是效率提升的关键环节

中小企业内部管理的粗放模式常导致资源浪费和流程拖沓，财务环节尤为突出。传统财务管理以"报表"为核心，缺乏与业务的深度融合，导致部门间配合不畅。预算管理流于形式、财务数据与业务数据脱节、管理层缺乏决策支持等问题频发。

财务转型通过优化财务与业务的协作流程，打通数据壁垒，提升整体效率；建立动态预算管理机制，实时监控支出，确保费用合理；强化财务分析能力，为内部管理升级提供可靠依据。

5. 信息系统升级：财务转型的信息化支撑

在信息化高速发展的今天，企业面临的数据处理需求日益复杂，传统财务管理模式已难以应对。信息系统作为企业管理的重要一环，其优化与升级对于财务转型具有迫切性。

企业需明确组织架构和职责划分，为信息系统的优化奠定基础。通过合理的架构设置，确保各部门在信息系统中的协同作业，避免信息孤岛的出现和重复劳动的发生。同时，优化业务流程，使信息流转更加顺畅，提升数据的一致性和实时性，确保财务数据的准确性和时效性。

内部会计控制制度的制定与修订，为信息系统的稳定运行提供制度保障。这不仅有助于防范财务风险，还能确保企业资金的安全与完整。在此基础上，企业应持续投入资源，完善信息系统建设，引入先进的技术和工具，提升数据处理和信息共享能力。

信息系统升级是财务转型不可或缺的一环。通过信息化手段，企业能够显著提升管理效率，增强自身的市场竞争力，从而在激烈的市场竞争中立于不败之地，具体内容如图1-3所示。

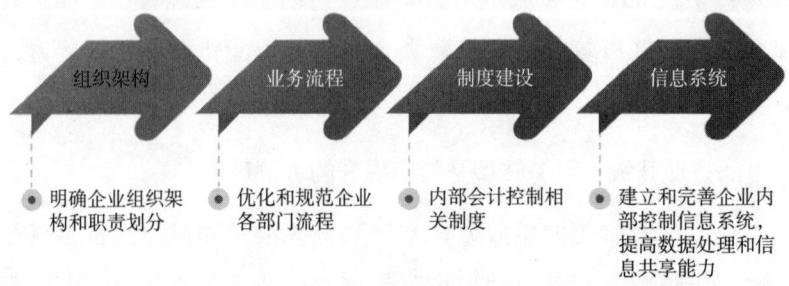

图1-3　财务转型的信息化支撑

6.时代要求：财务转型是未来发展的核心竞争力

在资本市场逐渐开放的大背景下，中小企业的财务管理水平已成为衡量其竞争力的重要指标。标准化的财务体系成为企业进入资本市场的"入场券"，客户和供应商也倾向于选择财务管理稳健的合作伙伴以降低风险。同时，在行业整合和兼并趋势加剧的情况下，财务能力直接影响企业的估值和未来发展。

因此，中小企业必须通过财务转型建立健全的财务体系，提升市场信誉度和吸引力；准确把握财务数据，为战略调整和资源分配提供科学依据；并为未来上市、并购等资本运作铺平道路，赢得更多发展机会，从而确立在未来的核心竞争力。

案例链接

从财务负责人到董事长的成长之路

一、案例背景：从财务负责人到企业领航者的跨越

C女士现任某知名制造企业董事长，职业生涯始于财务管理岗位，凭借多年专业积淀与战略洞察，最终跻身企业核心领导层。她的成长轨迹，不仅见证了一位财务人的职业蜕变，更折射出企业从传统制造向全球化、数智化战略转型的历程。

该制造企业创立于20世纪60年代末，产品覆盖电视、空调、冰箱、洗衣机等多元品类。随着行业竞争加剧，传统家电领域面临创新瓶颈与成本压力的双重挑战，企业迎来转型升级的关键节点。

C女士的角色跃迁，不仅是个人身份的升级，更凸显了企业对财务职能战略价值的重新定位。她的成功转型成为企业整体转型战略的重要支点，也为财务从业者勾勒出一条从"后台支撑"走向"前台决策"的职业进阶路径。

二、情况分析：财务管理困境与企业转型需求

1. 财务体系的"瓶颈"问题

在担任财务负责人初期，C女士便直面企业财务体系的深层症结。当时的财务管理仍依赖手工操作，存在数据碎片化、响应迟滞、可视化程度低等问题，难以支撑企业高速增长与复杂业务需求。尤其在拓展海外业务后，跨境财务面临汇率波动、税制差异、合规成本攀升等挑战，原有体系已难以负荷。财务部门虽承担基础运营保障职能，但在战略层面话语权有限，无法通过数据驱动决策，导致企业制定长期战略依赖经验判断。

2. 战略转型的"燃眉之急"

进入21世纪初，企业董事会敏锐察觉传统市场增速趋缓、利润空间收窄，意识到新一轮增长必须依托业务升级、技术创新与全球化布局。与此同时，内部管理体系亟待迭代以适应复杂多变的经营环境。企业亟须一位兼具管理思维与财务专长、能统筹数据资源与跨部门协同的变革引领者。C女士凭借深厚的财务功底、对运营细节的精准把控及对行业趋势的前瞻判断，逐步成为企业改革的核心推动者。

三、解决方案：从财务管理到战略推动的全面升级

1. 推进财务数字化转型

C女士以财务信息系统升级为突破口，主导引入数字化工具，构建以数据为核心的财务信息体系。她推动企业从"报表导向"向"数据驱动"转型，实现账务处理、预算预测全链条数字化。财务信息由此从分散走向集中、报告从滞后走向实时，为高层决

策提供了及时精准的支撑。

2. 推动财务与战略深度融合

在C女士的推动下,财务部门突破成本管控与报表合规的传统职能,成为战略制定的核心伙伴。通过深度参与业务模型设计、投资项目评估及市场趋势分析,财务团队开始主动为企业战略"量化算账"。她鼓励财务人员基于经营数据开展趋势研判,识别业务机会与风险,为新业务孵化和市场拓展提供量化支撑。

3. 构建全球化财务整合与风控机制

面对全球化布局挑战,C女士牵头设立财务共享服务中心,实现多地财务数据的标准化管理与集中处理。她主导建立跨境资金管理体系、汇率风险对冲机制及本地税务合规体系,有效解决各地区财务执行"碎片化"问题,显著提升全球财务管控效率。

4. 优化资本结构与财务透明度

升任董事长后,C女士延续稳健财务策略,推动企业优化资本结构、降低杠杆率。她高度重视投资者关系管理,通过提升信息披露质量与财务透明度,塑造良好资本市场形象。这些举措不仅增强了企业在融资市场的议价能力,更为新一轮全球扩张奠定了资本基础。

四、实施成效:财务转型带来的多维成果

1. 财务效能显著提升

财务数字化建设实现流程效率与数据精度的双重突破。原本人工主导的报表体系被自动化、可视化工具取代,大幅降低误差率与滞后性,推动财务部门从"执行单元"向"分析中枢""战略参谋"转型。

2. 战略决策更具数据根基

依托高质量财务数据支撑，企业在产品结构调整、市场布局规划、资本投入决策等方面更趋科学精准。C女士倡导的"数据驱动战略"理念深度融入企业文化，成为管理机制的核心支柱。

3. 国际化进程稳步推进

全球财务平台的搭建，使企业海外项目实现风险可控、信息透明，不仅赢得更多国际合作伙伴信任，更持续强化其在海外市场的竞争优势。

4. 企业综合竞争力跃升

财务转型为企业夯实资本实力与稳健经营基础。通过精准把控成本效率与资金效能，企业在产品迭代、技术研发、品牌建设等领域实现实质性突破，整体市场份额持续攀升。

五、思考与启示：中小企业财务转型的战略价值

C女士从财务负责人到董事长的角色跃迁，折射出新时代企业对财务职能的重新定位，也为企业管理者带来以下深刻启示。

1. 财务转型是战略落地的核心支撑

企业转型升级离不开财务体系的同步迭代。财务部门不应仅充当"守门员"，更需成为"进攻型中场"，为战略执行提供全周期保障。

2. 财务职能需从"记录者"迈向"赋能者"

财务数据的价值不仅在于归档与报表呈现，更应成为企业洞察客户需求、优化运营效率、精准布局投资的"望远镜"与"方向盘"。

3. 数字化是财务能力重构的必由之路

构建统一智能的财务系统，是打破信息孤岛、提升响应速度

与应变能力的核心路径，更是新时代财务转型的必然选择。

4.全球化语境下需强化跨境财务管控能力

在国际业务拓展中，企业需建立标准化的跨境财务管控体系，以应对汇率波动、税制差异等挑战，夯实全球化运营基础。

第二章 扬帆起航：明确财务转型的宏伟蓝图

古希腊哲学家亚里士多德曾说："目标是所有行为的起点和终点。"在中小企业的财务转型中，这句话同样适用。转型不是盲目的试探，而是一场从确定方向到制定策略的精密航行。企业只有明确目标，绘制出详细的蓝图，才能在风云变幻的市场中保持航向，不至于迷失在烦琐的技术和流程中。

本章将引领读者从财务转型的顶层设计入手，探索如何确立明确的核心目标，并将其贯穿转型的全过程。核心目标的确立不仅关乎企业的愿景，还直接影响财务转型的方向与深度。接下来，量化指标作为效率提升的关键，将成为转型实践中的"量尺"，帮助企业科学评估资源的使用与流程的改进。

与此同时，财务转型的目标不仅在于优化内部运作，更在于赋能决策，提升企业的应变能力。智慧决策需要财务管理为企业提供更高效、更精准的支持，让企业在复杂的商业环境中掌握主动权。最后，我们将聚焦风险防控，探讨如何通过科学的成本管理和量化的分析手段，为企业构筑一道牢固的安全防线。

"航行中没有目标的船，任何风都是逆风。"明确的蓝图是财务转型成功的基石。本章将为读者提供一份完整的指南，帮助企业在转型的航程中，扬帆起航、行稳致远。

第一节 领航未来：确立转型的核心目标

几年前，我有幸参与了一家食品加工企业的财务转型项目。这家企业的负责人张总常挂在嘴边的一句话是："我们每天跑得很快，但好像总是

第二章 扬帆起航：明确财务转型的宏伟蓝图

跑错方向。"企业的销售团队干劲十足，工厂的生产效率也在行业内数一数二，但张总仍然对企业的发展前景感到迷茫。他发现，虽然财务数据每天都在产生，但并没有真正指导企业的业务决策。

在与张总深入交流后，我意识到，问题的核心在于企业没有明确的财务转型目标。财务部门每天埋头苦干，却缺乏方向性的指引，而管理层需要的是一个明确而具体的"罗盘"。我们一起梳理了企业的短期和长期发展需求即优化现金流管理、提升成本控制能力、强化数据支持决策的效率。张总形容那一刻就像"雾里见月"，突然知道了自己要去的方向。

对中小企业而言，确立财务转型的核心目标并不复杂。只要从企业的实际需求出发，聚焦关键问题，就能大大提高转型的精准性和成功率。找到目标，就像找到灯塔，它不仅能照亮前进的方向，还能让团队的每一步行动都变得有意义、有价值。

明确核心目标是中小企业财务转型成功的基础。这不仅是为财务部门指明方向，更是为整个企业的发展奠定基石。以下五个核心目标，可以帮助企业明确财务转型的关键所在，为未来的转型工作提供清晰的蓝图，具体内容如图2-1所示。

图2-1 中小企业财务转型成功的基础

1. 优化现金流管理：让资金"活"起来

中小企业的日常运营中，现金流的畅通是企业健康运转的生命线。很多企业会出现"账面上有利润，现金却总是不够"的现象，其本质在于对现金流的管理缺乏科学性。

优化现金流管理的目标是确保企业能够随时满足日常运营和战略发展的资金需求。这要求企业从根本上改变"靠感觉管钱"的方式，建立以数据为导向的现金流监控系统。现金流的优化可参考以下方法。

a. 实时掌握现金流入流出，避免因信息滞后导致资金链断裂。

b. 制定合理的资金预算，确保重要支出有可靠的资金支持。

c. 学会"用钱生钱"，通过现金流分析发现闲置资金的最佳用途，例如短期理财或投资等。

通过现金流的优化，企业不仅可以从"救火式"管理中解脱出来，还能为未来的扩张和风险应对积累更多资本。

2. 提升成本控制能力：让每一分钱都花得值

对于中小企业来说，每一笔开支都可能对利润产生直接影响。然而，在传统的财务管理模式中，成本控制往往流于形式，企业的成本结构长期缺乏透明度和科学分析。

提升成本控制能力的目标，是帮助企业深入理解成本构成，并在关键环节上实现节流。成本控制可参考以下方法。

a. 精确核算每一项成本，包括生产成本、人工成本和运营成本，避免隐性浪费。

b. 运用数据分析识别高成本环节，并采取针对性的优化措施，例如优化采购渠道或改进生产工艺。

c. 建立动态成本管理体系，使成本分析成为企业日常决策的基础工具，而不是事后反思的材料。

通过系统性的成本管理，企业不仅可以显著提升利润率，还能更从容地应对市场价格波动和行业竞争压力。

3.强化决策支持：让财务成为"智囊团"

传统的财务部门往往被视为"后台服务"，主要负责处理账务和报表，但在现代企业中，财务的角色应该从"记账员"转型为"战略参谋"。这需要财务部门通过以下方法为企业管理层提供及时、准确、具有前瞻性的决策支持。

a.借助数字化工具，快速生成具有战略价值的财务分析报告。

b.通过历史数据分析和趋势预测，为管理层提供清晰的业务走向建议。

c.主动参与业务决策，帮助管理层评估投资项目的回报率、风险和资源配置的合理性。

强化决策支持的目标，是让财务部门成为企业发展的"智囊团"。当财务能够直接参与到企业的核心决策中，管理层的每一次决策都将更加科学和稳健，从而显著降低企业的运营风险。

4.提高数据透明度：为全局管理提供支持

在很多中小企业中，财务数据和业务数据相互割裂，导致企业管理者无法全面了解企业的实际运营状况。这种信息孤岛现象，不仅影响了财务工作的效率，还容易让管理层在决策时陷入"盲区"。

提高数据透明度的目标，是让财务数据成为企业全局管理的"放大镜"和"指南针"。

提高数据透明度可参考以下方法。

a.将财务数据与业务系统打通，实现财务与业务的无缝衔接。

b.建立统一的财务数据平台，让企业内部的每一位决策者都能快速获取所需信息。

c.定期进行数据审计和分析，确保所有数据的准确性和一致性。

当数据透明度提升后，企业的内部协作会更加高效，决策层也能更直观地看到企业的真实状况，从而快速发现问题并制定针对性的解决方案。

5.增强财务抗风险能力：为未来发展保驾护航

市场竞争和政策环境的变化，让中小企业不得不面对各种不可控的外部风险。这些风险包括原材料价格上涨、客户违约、税收政策调整等，而企业的抗风险能力，很大程度上取决于其财务体系的稳健性和灵活性。

增强财务抗风险能力的目标，是为企业打造一套"应急机制"。可通过以下方法增强财务抗风险能力。

a.通过建立风险预警系统，帮助企业及时识别和规避潜在风险。

b.保持合理的财务杠杆水平，避免因过度扩张导致资金链断裂。

c.设计多元化的融资方案，为企业在紧急情况下提供可靠的资金支持。

通过财务抗风险能力的提升，中小企业可以更好地抵御外部冲击，为企业的长期可持续发展奠定坚实基础。

6.领导要认识财报，读懂财报

在企业转型的关键时期，领导作为企业的领航者，必须深入了解和掌握财务这一核心要素。认识并读懂财报，是领导洞察企业运营状况、把握未来发展方向的必备能力。财报不仅仅是一堆数字的堆砌，它更是反映企业健康状况和运营效率的晴雨表。

领导需要深入理解财报中的各项核心指标，如收入、利润、成本及现金流量等。这些指标共同构成了企业的盈利蓝图，通过它们，领导可以清晰地了解企业的成长轨迹，预测未来的发展趋势，并为战略决策提供有力的数据支撑。

同时，财报也是发现财务风险的重要工具。通过关注负债水平、资产负债率等关键指标，领导可以及时发现企业潜在的偿债压力和财务危机，从而确保企业在稳健中持续发展。

因此，领导应将认识财报、读懂财报视为转型过程中的必修课。通过精准分析财务数据，领导将更有信心地制定转型策略，引领企业实现可持续发展。

第二节 精准施策：提升效率的量化指标

曾经有位朋友——小陈，在一家制造企业担任财务经理。有一次，他在预算会上提议通过采购调整来降低原材料成本。企业负责人一脸期待地问："那能省多少？"小陈答不上来，只能含糊地说："应该能省不少。"结果，企业负责人当场拍板暂时搁置了这个提议，因为没有具体数据支撑，这个建议看起来像是一场风险投资。

很多中小企业都面临着类似的困境：明明有改进的机会，却因为缺乏量化指标而无法说服管理层行动。后来，我建议小陈从最基础的成本分布着手，逐项梳理工厂的原材料使用情况，并设置具体的效率目标，比如降低 5% 的损耗率，或者将采购价格维持在年度预算范围内。通过这些具体可量化的指标，企业不但轻松完成了原材料成本优化，还获得了更强的成本管控能力。

对企业而言，量化指标是提升效率的起点。它们不仅让改进方向变得清晰，为转型效果的评估提供了标准，还可以从最简单的财务处理时间、报表准确率入手，通过分解目标逐步找到改善空间。设立这些指标后，企业会发现，转型不再是空中楼阁，而是变成了具体、可触摸的行动指南。

量化指标是企业改进财务效率的重要工具，它不仅帮助管理层直观了解当前的运营状态，还为转型决策提供了可靠的依据。以下是几个适用于中小企业的核心量化指标，涵盖成本控制、财务处理效率和决策支持等方面，具体内容如图 2-2 所示。

```
┌─────────────────────────────────────────────────┐
│              提升效率的量化指标                 │
│                                                 │
│  ① 财务处理效率：流程优化的起点   ④ 现金流健康度：企业生存的基本保障  │
│                                                 │
│  ② 数据准确率：质量保障的核心     ⑤ 决策支持能力：从"救火队"到"智囊团"  │
│                                                 │
│  ③ 成本控制效果：让节流看得见、摸得着            │
└─────────────────────────────────────────────────┘
```

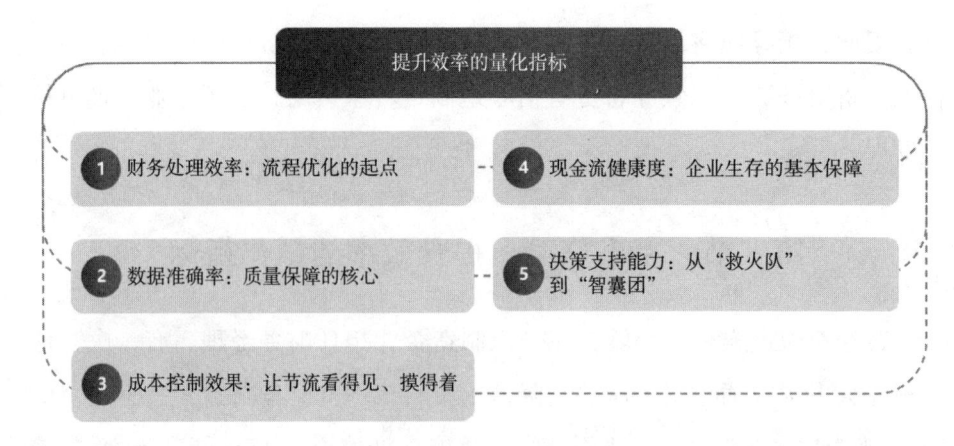

图 2-2　提升效率的量化指标

1. 财务处理效率：流程优化的起点

（1）量化指标

a. 每月财务结账时间（单位：天）。

b. 每笔交易的处理时间（单位：分钟）。

c. 财务报表生成时间（单位：小时）。

（2）说明与讲解

许多中小企业的财务部门常常"事倍功半"，尤其在月底或季度末，财务人员需要加班完成账务处理。这种情况不仅影响效率，还可能导致数据错误率上升。通过量化财务处理效率，可以发现流程中的瓶颈并加以优化。具体可以从以下维度展开分析。

a. 每月财务结账时间：如果企业每月需要 7 天以上完成结账，这可能表明手工操作过多或系统不够完善。通过引入自动化工具，可以将时间缩短至 3 天以内。

b. 每笔交易的处理时间：高于 5 分钟的交易处理时间通常反映出企业的审批链条过长或数据录入复杂。优化流程或标准化操作可以显著缩短时间。

c. 财务报表生成时间：现代化的财务系统可以将生成报表的时间从数

小时缩短至几分钟，为管理层提供更及时的决策依据。

2.数据准确率：质量保障的核心

（1）量化指标

a.财务报表错误率（单位：%）。

b.数据审核发现问题的频率（单位：次/月）。

（2）说明与讲解

数据的准确性是财务工作的生命线。一份含有错误的报表不仅无法指导决策，还可能为企业带来风险。提升数据准确率的重点在于减少人为失误，增强系统校验功能。例如，将错误率控制在1%以下是一个合理目标，如果当前错误率高于5%，则需要排查录入环节或系统设置的问题，通过定期数据审计来发现问题，并追踪改进成效。如果问题的频率每月都在下降，说明改进措施取得了效果。

通过这些指标，企业可以不断提升数据的可靠性，为管理层提供稳定的决策支持。

3.成本控制效果：让节流看得见、摸得着

（1）量化指标

a.单位产品的原材料成本（单位：元）。

b.成本节约率（单位：%）。

c.预算执行偏差率（单位：%）。

（2）说明与讲解

控制成本是每个企业追求效率的关键环节。通过设定明确的成本控制目标，可以有效减少浪费，提高资金利用效率。具体可从以下三个方面入手。

a.单位产品的原材料成本：对比历史数据和行业平均水平，设定一个合理的成本目标。例如，将原材料成本降低3%～5%。

b.成本节约率：通过对采购流程、供应商谈判和损耗管理的优化，企业可以每年节省至少5%～10%的运营成本。

c.预算执行偏差率：预算执行偏差应控制在±10%以内。如果偏差过大，说明预算编制或执行环节存在问题，需要及时调整。

这些指标帮助企业从细节入手，找到成本控制的切实方法，并为管理层提供清晰的财务改进反馈。

4.现金流健康度：企业生存的基本保障

（1）量化指标

a.应收账款回收周期（单位：天）。

b.现金流动性比率（单位：倍）。

c.短期负债覆盖率（单位：%）。

（2）说明与讲解

现金流管理直接关系到企业的生存能力，特别是在市场波动较大的环境中。以下指标能够帮助企业更好地掌控资金状况。

a.应收账款回收周期：如果账款回收周期超过行业平均水平（如60天），企业需要加强催收机制或优化客户信用政策。

b.现金流动性比率：这一比率反映企业短期偿债能力，合理的水平通常在1.5倍以上，低于1倍可能意味着现金不足。

c.短期负债覆盖率：企业的短期负债（如银行贷款）应由高质量资产（如应收账款、现金）来覆盖，理想比例为150%以上（具体需结合行业特征及企业实际情况判断）。

通过这些指标，企业可以动态监控资金链的稳定性，避免因现金流问题导致运营危机。

5.决策支持能力：从"救火队"到"智囊团"

（1）量化指标

a.财务分析报告完成时间（单位：小时）。

b. 决策所需数据完整率（单位：%）。

c. 数据驱动决策的覆盖率（单位：%）。

（2）说明与讲解

企业决策的质量依赖于财务数据的完整性和实时性。通过以下指标，财务部门可以从"幕后"走向"台前"。

a. 财务分析报告完成时间：从数据收集到分析完成，应控制在24小时以内。超时可能表明数据整理流程不顺畅。

b. 决策所需数据完整率：管理层提出的业务问题，财务部门能提供80%以上的数据支持，说明数据管理较为健全。

c. 数据驱动决策的覆盖率：至少50%的重要决策应以财务分析为依据，这个比例可以逐年提高。

当财务团队能够快速、高效地支持管理层决策时，企业的整体竞争力也会随之提升。

第三节　智慧决策：强化决策支持的能力

我在多年的财税咨询过程中，遇到过很多中小企业主，他们大都对财务决策支持抱有复杂的感受。一方面，大家都希望财务决策能够更加科学和高效，不仅能预测到可能的风险，还能帮助企业及时抓住商机；另一方面，他们也坦言，往往因为数据不全、工具欠缺，决策时依然充满"不确定性"。

我的朋友——老徐，他经营着一家餐饮连锁企业，前几年生意火热的时候，经常跟我聊企业的财务规划。可一到经济遇冷，老徐就犯愁了，因为原本简单的"看报表做预算"并不足以支撑决策，比如在某个月销量下滑时，他无法确定原因究竟是餐饮品类调整、成本增加还是员工流失带来的影响。为了稳妥起见，他曾两度在行情低迷时果断减少支出，后来发现这只是短期市场波动，错失了继续扩大门店的良机。

其实像老徐这样的管理者不在少数，特别是在中小企业中，由于缺乏足够的决策支持工具和系统，很多决策往往只能依赖直觉和有限的历史数据。正是基于这样的情况，强化财务决策的支持能力就显得尤为重要。这一节，我们将通过探讨提升财务决策支持的关键构成和具体方法，帮助中小企业更好地理解如何在日常财务管理中构建一个科学的决策支持系统，为企业发展提供稳固的基础。

1. 财务决策支持的重要性

在市场变化和竞争加剧的背景下，财务决策支持的重要性愈加凸显。我们可以把财务决策支持理解为一种"前哨角色"，它通过前置性的数据分析和预测，帮助企业及时把握机会、规避风险。

（1）决策支持与企业发展的关系

财务部门不仅仅是"记账的地方"，更应是企业发展"前瞻力"的核心支撑。一个高效的财务决策支持系统可以做到三点：第一，让企业提前识别出潜在问题；第二，优化资源配置，提升企业抗风险能力；第三，确保管理层决策的科学性，从而提高整体竞争力。这三个方面缺一不可。

比如，某物流公司在原油价格波动的情况下，通过财务决策支持，作出了及时调整运费的决策，从而规避了油价上涨的风险。而这项决策的基础，就是公司财务部提供的敏感性分析与预测模型，通过测算不同油价波动下的运营成本变化，让管理层及时掌握并应对价格变化的冲击。这种决策支持不仅避免了亏损，还保障了企业在价格波动中的生存能力。

（2）中小企业的决策痛点

大多数中小企业在决策上面临"信息不足、系统滞后、数据碎片化"

的痛点。信息不足主要体现在企业所依赖的数据有限，难以全面分析市场和企业内部变化。系统滞后是因为传统的财务系统往往聚焦于报表汇总，而不能灵活调整和实时反馈。数据碎片化则是指企业内部各部门数据无法整合，导致决策时出现数据"孤岛"现象。

举个例子，D公司是一家做小家电制造的企业，在市场竞争加剧时，曾尝试扩大产品线，但因为没有足够的市场预测和成本模型，结果导致新产品的库存大量积压，反而影响了主打产品的资源调配。这类痛点在中小企业中很普遍，企业的决策往往建立在不完整的数据和信息上，从而带来决策的滞后性甚至误判。

2. 决策支持能力的三大关键构成

提升财务决策支持能力的核心在于数据的准确性与实时性、科学工具的使用，以及企业内部的跨部门协作。这三大关键构成相辅相成，共同形成一个基础稳固的财务决策支持体系。

（1）数据的准确性和实时性是企业做出明智决策的基础

很多企业的决策受限于数据滞后和质量不足，致使财务报表在传递到管理层时，已成为"旧闻"。试想，如果你在开车时看的是昨天的路况图，这无疑会让行车过程充满未知隐患。同样地，提升数据的实时性和准确性，可以让我们的决策更具可靠性。

（2）依靠直觉和经验已经难以满足现代财务的要求

常见的分析工具和预测模型就像是我们手中的导航仪，可以帮助我们在不同情境下作出科学判断。有了这些工具，我们就能更好地应对各种挑战。

（3）财务部门不仅仅是报表的生成者，更是管理层的重要"智囊"

通过企业内部的跨部门数据整合，财务部门可以提供更有针对性的决策支持。在这种协作下，财务数据能够更直接地反映业务现状，管理层也能从中获得及时、全面的信息支持。这样一来,大家就能齐心协力,共同推动企业向前发展。

3. 如何构建财务决策支持系统

对于许多中小企业来说,建立一个全面的财务决策支持系统可能会让人觉得"高不可攀",但事实上,通过一些合适的工具、数据集成和流程优化,也能构建一个简化的决策支持系统,起到有效的财务支持作用。以下将从工具选择、数据集成、决策支持流程三个方面,详细阐述如何搭建这样一个实用且简便的系统。

(1)选择合适的工具

工具是构建财务决策支持系统的核心组件。中小企业可以根据自身规模和业务需求选择小型 ERP 系统(如用友、金蝶)来支撑基础财务管理。同时,也可以选择一些灵活的工具(如 Power BI 和 Excel),便于数据分析和决策支持,具体内容见表 2-1。

表 2-1 不同工具的介绍和操作指引

工 具	介 绍	操作指引
小型 ERP 系统(如用友 U8、金蝶 KIS)	小型 ERP 系统通常包含财务模块,能自动生成财务报表、跟踪业务成本、管理现金流等。它们不仅能帮助企业更高效地处理基础财务工作,还可以整合其他业务数据,实现财务和业务的联动。例如,用友 U8 具有"总账、应收应付、固定资产"等功能,方便中小企业在"管钱、算账"时更精确、更全面	以用友 U8 为例,当企业需要查看特定产品的销售成本时,只需进入"应付管理"模块,调取相关的原材料采购单、供应商付款记录等数据,系统就会自动汇总出采购成本及相关费用。财务人员只需在界面中设定查询条件,便能快速获得所需的具体数据
Power BI	Power BI 是一款强大的数据分析和可视化工具,可以帮助企业管理者更直观地了解各类财务和业务数据,支持实时数据刷新和多种图表展示。即使没有专业的数据分析背景,企业管理者也能通过图表快速洞察收入、支出、利润趋势等关键信息	例如,需要分析某季度的成本构成,可以在 Power BI 中导入成本数据表,然后选择"饼图"或"条形图"可视化展示各项成本占比,用颜色区分各类成本。这样,一目了然地呈现出每类成本的比例,便于识别成本的主要增长点

第二章 扬帆起航：明确财务转型的宏伟蓝图

续上表

工 具	介 绍	操作指引
Excel建模	Excel适用于各种规模的企业，尤其在预算编制、现金流预测和敏感性分析中，具有很高的实用性和灵活性。例如，企业可以用Excel中的"情景管理器"功能，模拟不同市场条件下的销售和成本变化，便于更科学地规划财务资源	举例来说，若企业想预测新产品销售的三种情景：乐观、中性、悲观，可以在Excel中输入不同的销售数量和价格，利用"情景管理器"设定条件，生成相应的收入、成本和利润情景表格。这样，不同情景下的财务表现一目了然

（2）集成财务和业务数据

财务和业务数据的集成是决策支持系统的关键环节，通过打通财务与销售、采购、生产等业务数据，管理者可以从多角度进行决策分析。这种数据整合不必过于复杂，中小企业可以使用一些简单的数据表格或企业协作工具（如钉钉、企业微信）来实现。

a.数据表格的创建。最常见的方法是创建一份跨部门的Excel数据表格，将销售、库存、采购等数据整合到同一张表格中。财务人员可以实时跟踪销售进度和库存情况，以更好地进行资金调配和成本控制。比如，企业在Excel中建立一张"销售与库存总表"，设置自动汇总公式，方便财务人员查看每日销售量、库存变化等。在月度盘点时，可以一键生成库存报表，辅助财务团队制订更精准的采购计划。

b.企业协作工具的应用。对于数据实时共享，企业协作工具如钉钉和企业微信非常适用。通过这些工具可以创建共享群组，将重要的销售、生产数据实时更新到群组中，便于各部门获取最新信息。此外，钉钉的审批流程还可用于财务部门的付款审核、预算审批，保证资金流的安全。在钉钉中，财务团队可创建"财务数据汇总"群组，各部门每日上传自己的销售或生产数据。财务人员可以随时打开查看或下载数据，便于快速掌握企业的经营状况，实现高效的数据流动。

（3）设立专门的决策支持流程

建立财务决策支持系统的最终目的是在关键决策时为管理层提供

专业的财务建议。中小企业在构建这一系统时，可以制定一套简化的流程，确保决策的科学性和有效性。具体来说，这一流程可以包括以下几个方面。

a.需求确认。在面临重大决策时，如设备采购、市场扩张或招聘计划等，财务团队可以提前与管理层沟通，了解具体需求和目标。这样，财务部门可以更有针对性地收集数据，提供不同方案的财务分析支持。

b.方案准备。财务团队根据需求，结合预算、成本收益、市场风险等因素，准备几个可行的方案并进行分析。这些方案应清晰列出每项支出、预期收益和潜在风险，供管理层在决策时参考。这样可以避免仓促决策，减少企业的财务风险。

c.决策审核与反馈。在提交决策建议后，财务部门可以参与决策会议，解释各方案的可行性，并进行进一步的反馈。最终，管理层在财务数据支持的基础上做出科学决策，确保各项计划符合企业的战略目标。

◉ 案例链接

提升财务决策支持的步骤

步骤1：分析现有财务数据的质量和流通情况

构建财务决策支持系统的第一步是对企业现有的财务数据进行审核和标准化。这一过程包括以下几个方面。

数据审核：财务团队可以从基本的数据完整性、准确性和一致性入手，确认各项数据的可靠性。比如，对销售、采购、库存等关键数据表进行抽查，确保所有财务记录准确无误。

数据标准化：根据不同业务需求，企业可以统一字段格式、编码规则和时间单位等。比如，对各部门的数据表按"月份－季度－年度"格式进行统一归档，避免数据读取困难。

小提示：企业可以每季度安排一次数据检查，逐步梳理问题并改善数据质量。这样既不影响日常运作，又能逐步提升财务数据的流通性和准确度。

步骤2：选择合适的决策支持工具和模型

针对不同规模和需求的企业，决策支持工具的选择尤为重要。表2-2中是三种常用工具的优缺点对比，供企业参考。

表2-2 三种常用工具的优缺点对比

工具/系统	优点	缺点
ERP系统（如用友、金蝶）	功能齐全，能够一站式管理财务、库存和采购	实施成本较高，初期学习成本大
Power BI	图形化分析强大，适合需要可视化数据的企业管理层	需要一定的数据处理基础，不适合完全不熟悉数据分析的团队
Excel建模	灵活性高，成本低，适合中小企业	数据量大时易卡顿，无法进行实时数据更新

小提示：对于预算有限的小型企业，可以先使用Excel建模或Power BI逐步实现财务数据的分析和图表展示，再考虑是否需要升级至ERP系统。

步骤3：构建决策支持的团队与协作机制

财务决策支持系统的运行离不开一支具备决策支持思维的财务团队。以下是构建团队和协作机制的几项关键要点。

培养团队的决策支持意识：财务团队成员可以定期参加数据分析和管理培训，提升决策分析技能，尤其是在RPA和数据分析方面，帮助团队成员在决策支持系统中更好地发挥作用。

加强跨部门合作：财务部门需要与销售、采购等部门建立高效的协作机制，定期分享最新的业务数据。财务人员应了解各部门的日常运作，确保在重大决策时提供准确的财务支持。

　　小提示：企业可以设置每月一次的跨部门例会，财务部门为管理层和业务部门提供最新财务数据和分析建议，使各部门始终保持一致的信息和目标。

　　步骤4：逐步优化，实施评估

　　财务决策支持系统并非一成不变，而是需要在运行过程中不断优化和完善。以下是如何通过数据反馈持续改进系统的建议。

　　定期评估决策效果：企业可以通过分析各项决策后的财务数据，确认财务决策支持系统是否达到预期效果。比如，对重要的采购或扩产决策进行回顾，看看成本控制和盈利情况是否达到预期。

　　逐步优化流程：根据评估结果，财务团队可以调整数据分析的流程和模型，确保系统持续增值。比如，如果发现现金流预测不够精准，团队可以调整模型或增加数据来源。

　　小提示：企业每半年可以进行一次系统评估，通过反馈数据发现问题并优化，逐步提升决策支持的有效性和系统适用性。

第四节　风险防控：成本控制与量化的安全网

　　我接触的一家快消品公司，公司负责人刘姐总是担心一个问题："原材料价格一波动，我们就像被推下山坡，根本刹不住。"她的企业利润率低，但成本波动极大，每次原材料涨价，财务部门都得临时加班调整预算。更糟糕的是，这种被动应对让管理层对未来的发展总是信心不足。

　　在与他们一起梳理财务流程时，我发现问题的症结在于企业缺少一个

第二章　扬帆起航：明确财务转型的宏伟蓝图

行之有效的风险防控机制。于是，我建议他们先建立一个基础的成本监控系统，比如设置警戒线，当原材料成本超过一定比例时，系统会自动发出警报。除此之外，我们还制定了一套应对预案，比如原材料涨价时如何调整库存策略，以及如何通过谈判锁定长期供应价格。短短半年，刘姐的企业从"救火"状态转为主动管理，预算控制也逐步精确到季度。

风险防控并不是一个高深的课题，而是可以通过小工具和日常流程逐步完善的实践。控制成本、提高效率，这些看似细碎的改进，最终能为企业筑起一道坚实的防线，让您的企业即使面对市场风云变幻，也能始终保持稳健的姿态前行。

风险防控对于中小企业而言，就如同在雨季中撑着一把伞，平时或许并不起眼，但在关键时刻却能保住全局，让企业免受风雨的侵袭。而成本控制，正是这把伞的骨架，是企业风险防控体系中不可或缺的核心组成部分。接下来，我们将深入探索如何通过日常流程来构建一套行之有效的风险防控体系，让企业在市场的波涛中稳健前行。

1. 设置成本预警：警钟长鸣，主动应对

在企业的日常运营中，成本波动往往难以避免，但许多企业却缺乏对此的敏感性，常常在问题已经暴露后才手忙脚乱地寻求补救措施。要解决这一问题，首要任务就是引入成本预警工具，让企业在成本出现异常波动时能够迅速作出反应。

具体实施起来，企业可以利用简单的电子表格或财务管理软件来设置成本警戒线。首先根据历史数据和行业基准，为原材料价格、物流费用、人工成本等关键成本要素设定合理的上下限。比如，当原材料成本超过预算的 5% 时，系统就会自动发出警报。其次要定期更新成本数据，确保警戒线的合理性，以应对市场变化。最后借助现成的工具，比如 Excel 中的条件格式功能，或者企业管理软件中集成的动态预警模块，实现超标自动提醒，让管理层能够第一时间获取到成本异常的信息。

一旦成本超出警戒线，管理层就能迅速介入，调整策略，比如增加库存储备以应对原材料价格上涨，寻找替代材料以降低成本，或者与供应商协商锁定价格，从而避免成本进一步攀升。这种预警机制能够让企业从被动的"救火"模式转向主动的"防火"模式，从而减少不必要的损失，确保企业的稳健运营。

2. 财务报告与数据分析：风险防控的明镜与量化的安全锁

在企业的风险防控体系中，财务报告与数据分析发挥着举足轻重的作用，它们如同成本控制与量化的安全锁，确保企业稳健运营。

通过对财务报表的深入解读与分析，企业能够精准把握自身的财务状况，及时发现潜在风险。紧盯关键财务指标，比如资产负债率、存货周转率等，这些指标如同企业的"晴雨表"，能够实时反映企业的运营效率和资产健康状况。一旦发现异常，企业应立即启动预警机制，迅速查明原因并采取相应措施，确保风险得到有效控制。

同时，项目可行性分析是投资决策前的必修课。通过深入分析项目的财务效益，企业能够确保资金流向有价值的方向，避免盲目投资带来的财务风险。

此外，利用数据分析预测未来趋势也是风险防控的重要手段。借助大数据和人工智能技术，企业可以挖掘历史数据中的规律和趋势，为未来发展提供科学指导。特别是在负债偿还高峰期，可提前规划现金流，确保资金链的安全稳定，具体内容如图2-3所示。

3. 优化日常预算：让每一分钱都花在刀刃上

预算管理不仅是财务部门的工作，更是整个企业的"导航仪"。通过精细化的预算编制和执行，企业可以更有效地控制成本，减少资源浪费，提升资金利用率。

1	资产管理风险	涵盖资金、应收账款、存货、固定资产及各类票据等方面的风险
2	税务风险	包含内部员工举报、申报数据填写错误、发票风险、资金回流问题，以及税虚/刑虚、上下游牵连、数电发票等风险
3	财务报告风险	通过报表数据反映各项指标是否在合理范围内，比如资产负债率、存货周转率等
4	筹资风险	关注资金来源和流出方向，若涉及新项目投资，需考量是否有项目可行性分析
5	信用风险	涉及企业自身、客户、供应商等层面的风险，建立信用等级
6	流动风险	要梳理负债偿还时间表，找出还债高峰期，对经营现金流进行预测分析，进而提出预警与解决方案

（财务报告与数据分析）

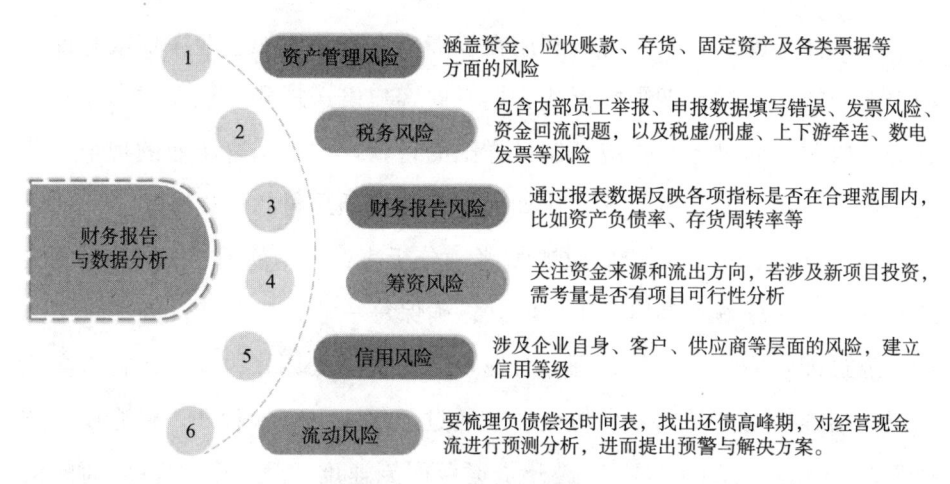

图 2-3 财务报告与数据分析

在具体实施上，企业首先要将总预算细化到具体项目、部门甚至单个产品上，这样便于追踪资金的去向，确保每一分钱都用在了刀刃上。其次是引入滚动预算机制，相比传统的年度预算，滚动预算每月或每季度调整一次，更能适应市场变化，确保预算的准确性和灵活性。最后利用预算模板或免费的预算管理软件，如国内一些适合中小企业的软件，让预算编制和执行变得轻松直观，从而降低操作难度。

通过优化预算，企业可以更加清晰地了解各部门的成本构成和资金使用情况，从而发现成本偏高的环节，并通过精简流程、重新分配资源等措施降低成本。某服务型企业就通过分解预算，发现某些部门的运营成本长期偏高，最终通过一系列优化措施将成本降低了15%，这不仅提升了资金利用率，还让管理层对企业运营的全貌有了更清晰地了解。

4. 加强应收应付款管理：现金流的"守护神"

现金流是企业的"生命线"，任何环节的延误都可能引发连锁反应，甚至危及企业的生命。因此，加强应收应付款管理，确保资金链的健康运转，是企业风险防控的重要一环。

在具体实施上，企业可以利用在线催收工具，比如企业微信或邮件自动提醒功能，在付款期限临近或逾期时向客户发送提醒，从而提高应收账款的回收率。同时，与供应商制订详细的付款计划，结合企业的现金流情况，协商更灵活的支付方式，比如分期付款或延迟付款，以减轻企业的资金压力。此外，定期生成应收账款账龄分析表，重点关注超过90天的欠款，并将责任分解到具体员工或团队，确保每一笔欠款都有人负责催收。

通过加强应收应付款管理，企业可以大幅降低坏账风险，改善现金流状况，增强市场信誉。某零售企业就通过优化应收账款管理，将逾期付款比例从30%降至10%，不仅提升了资金回笼速度，还赢得了供应商的信任与合作。

5. 制定多样化应对预案：防患于未然

面对复杂多变的市场环境，单一的成本控制策略往往难以应对所有风险。因此，企业需要为常见风险制定多种应对方案，以确保在风险来临时能够从容应对。

比如，针对原材料价格波动，企业可以建立库存缓冲机制，确保关键原材料有至少3个月的安全库存量，以应对价格上涨带来的成本压力。同时，与供应商签订长期合同以锁定价格，降低未来采购成本的不确定性；针对人力成本增长，企业可以引入兼职或临时工模式，在业务高峰期灵活调配人力资源，降低固定人力成本；针对物流成本飙升，企业可以与多个物流供应商建立合作关系，分散风险，并利用动态路由优化软件降低运输成本。

通过制定多样化应对预案，企业可以在风险来临时迅速启动相应的应对措施，降低风险对企业运营的影响。一家食品加工企业就通过预案的支持，成功应对了原材料价格的季节性上涨，避免了成本的剧烈波动，并在淡季时利用库存缓冲机制维持了市场供应，确保了企业的稳定发展。

6.定期风险审计：从细节中发现隐患

风险审计是企业防控机制的"体检"，通过定期审查财务流程和业务环节，企业可以及时发现潜在问题并加以修正，确保风险防控体系的有效性。

在具体实施上，企业要定期检查成本数据，审核原材料、人工和运营成本的记录，确保数据的真实性和可靠性。同时，评估财务流程的合规性，检查各部门的财务操作是否符合企业内部规章和外部法规的要求，避免违规操作带来的风险。此外，根据审计发现的问题，及时优化小工具或调整流程，以适应最新的风险控制需求，确保风险防控体系的持续改进和完善。

通过定期风险审计，企业可以及时发现并纠正财务流程中的漏洞和风险点，避免小问题演变成大问题。一家物流企业就通过风险审计发现，其运输合同中存在长期未更新的条款，导致运营成本被供应商高估。在修正合同后，企业每年节约了约10%的运输费用，有效降低了运营成本，提升了企业的盈利能力。

第三章　策略先行：规划转型的制胜之路

方向对了，就不怕路远。财务转型如同一场精心筹备的战役，胜负的关键在于策略是否精准、路径是否清晰。面对复杂的市场环境和日益多变的政策法规，中小企业要想在转型之路上实现突破，必须以周密的规划为先。

本章从洞察趋势开始，帮助企业把握市场与行业的"风向标"。转型不是闭门造车，而是与外部环境的互动。企业需要深入了解行业动态和政策动向，提前布局以抢占先机。只有站在全局的高度，才能清晰地看到未来的发展方向。

转型路径的选择是决定成败的关键之一。数字化转型和智能化飞跃不再是大企业的专属，而是中小企业升级的必经之路。我们将探讨如何结合企业现状，选择最适合的技术和工具，让数字化不仅成为优化流程的手段，更成为驱动创新的核心力量。

成功的转型不是一蹴而就，而是通过分阶段实现一个个"小胜利"，最终汇聚成宏伟的成果。企业需要设定清晰的阶段性目标，在每一个节点上审视进展、优化策略，以确保转型的每一步都稳扎稳打。

第一节　洞察趋势：市场与行业的风向标

现如今，"新能源赛道"成了热点话题，不少企业家热衷于讨论如何抓住这个机遇。有趣的是，在一次财务管理分享会上，一家制造小零件的企业主却表示："看趋势说得容易，可怎么知道哪些才是真正的机会呢？"他的困惑让我想起自己曾经遇到的一个项目。

第三章 策略先行：规划转型的制胜之路

当时，我协助一家中型家电企业进行战略调整。他们的主要市场集中在三四线城市，但突然发现利润空间开始被压缩，库存积压严重。经过数据分析，我们发现这一现象与一线城市新兴家电潮流迅速下沉有关。于是，企业及时调整了销售策略，并在供应链端通过数据分析优化库存，结果不仅化解了危机，还扩大了市场份额。

对中小企业来说，洞察趋势并不一定要高投入，但需要用心观察市场动向，比如关注客户需求的微妙变化、行业内的创新动向及竞争对手的行动。这是找到企业突破口的关键。掌握趋势，你就拥有了企业财务转型的指南针。

在当今这个日新月异的商业世界里，市场如同一片浩瀚无垠的海洋，波涛汹涌，暗流涌动。对于中小企业而言，这片海洋既蕴藏着无限机遇，也暗藏着无数风险。如何在这样的环境中稳舵前行，找到属于自己的航道，首要任务便是洞察市场与行业的趋势，这不仅是企业转型的起点，更是持续发展的基石。而这一过程，既需要企业拥有敏锐的洞察力，又离不开科学的财务规划与支持。

1. 把握政策风向：从变化中寻找红利

随着国家政策的不断调整和优化，诸如乡村振兴等一系列战略举措的推出，为各行各业带来了前所未有的发展机遇。新能源、新材料、数字化技术等新兴领域，更是成了政策扶持的重点，享受着政策红利带来的快速成长。对于中小企业来说，这些政策变化不仅意味着挑战，更是转型升级、实现跨越发展的宝贵契机。

以一家传统农业机械制造企业为例，面对日益激烈的市场竞争，企业一度陷入困境。然而，当"双碳"政策出台后，企业敏锐地捕捉到了其中的机遇，果断引入低碳技术，对生产线进行智能化改造。通过积极申请政策补贴，优化财务结构，将更多的资金投入到产品研发和创新中。短短两年间，这家企业便实现了从默默无闻到行业佼佼者的华丽转身，成了行业内的创新标杆。

中小企业应当深刻认识到，政策风向的把握对于企业发展至关重要。因此，企业应当时刻关注政府发布的政策文件和行业动态，特别是税收优惠、补贴政策等关键信息。通过财务数据和成本分析，科学评估这些政策机会对于企业的实际价值和可行性，从而制定出更加符合自身发展需求的战略规划。

2. 客户需求的微妙变化：数据是最好的线索

市场需求是企业发展的风向标，而客户需求的微妙变化往往预示着市场趋势的转折。在大数据时代，财务数据作为企业经营活动的晴雨表，隐藏着揭示市场需求的宝贵线索。客户流失率、订单量波动、产品退换率等关键指标，都是市场需求变化的直接反映。

为了准确把握市场需求的变化，中小企业应当建立健全的数据分析体系。首先，要深入分析销售数据，观察产品销售的季节性变化、新老客户订单的占比及不同区域市场的销售表现，从中发现潜在的市场趋势和消费者偏好。其次，要深入挖掘客户反馈，将客户的意见和建议与财务数据相结合，进行综合分析，以判断客户需求是否在发生变化，以及这种变化对于企业经营的影响。

某食品企业便是一个成功的例子。当企业发现旗下一款方便速食产品销量持续下滑时，并没有盲目采取降价促销等短期措施，而是深入分析销售数据和客户反馈。通过对比发现，另一款更健康、更注重营养的产品销量却在飙升。于是，企业果断调整生产和营销策略，加大健康食品的研发和推广力度，成功顺应了消费者对健康食品的需求升级，企业利润也因此实现了显著提升。

3. 关注行业标杆：向趋势的"先行者"学习

在行业发展的道路上，总有一些企业能够率先洞察趋势，成为行业的领跑者。对于这些标杆企业，中小企业往往觉得高不可攀，但其成功经验却值得借鉴和学习。通过观察行业领先企业的动作，中小企业不仅能够预测未来趋势，还能找到适合自己的转型方向和发展路径。

要学习行业标杆，中小企业可以从多个维度入手。首先，要深入分析标杆企业的财报，关注其在研发、营销和资本支出上的投资比例，以及这些投资如何助力企业实现快速发展。通过借鉴标杆企业的优先布局领域，中小企业可以更加精准地定位自己的发展方向。其次，要关注标杆企业的创新产品和模式，特别是其在数字化管理、智能化运营等方面的探索和实践。通过学习这些先进经验，中小企业可以提升自身的管理水平和运营效率，以便更好地适应市场变化。

一家专注制造办公家具的中小企业便是通过学习行业标杆实现了成功转型。当企业发现智能化家具逐渐成为市场"新宠"时，便迅速调整战略方向，加大在智能化产品的研发和推广上的投入。通过引入先进的智能化技术，企业成功推出了一款智能升降办公桌，不仅满足了消费者对健康办公的需求，还通过财务规划中的研发和推广费用优化，实现了新产品的快速市场化，成功打开了新的市场空间。

4. 竞争对手的动态：找到自己的"护城河"

在行业竞争中，竞争对手的动态往往能够反映出市场的变化和趋势。中小企业在分析竞争对手时，不仅要关注其市场份额、产品价格等显性指标，更要从财务视角出发，深入挖掘其背后的战略意图和竞争优势。通过对比竞争对手的财务数据和运营策略，中小企业可以找到自己的差异化竞争优势，构建起独特的"护城河"。

具体做法上，中小企业可以观察竞争对手的价格波动情况。如果竞争对手频繁降价促销，可能意味着市场需求疲软或竞争加剧；而如果价格保持稳定甚至上升，则可能预示着行业升级或产品创新的趋势。此外，还要密切关注竞争对手的新品发布情况，通过分析其新产品类别、市场反响及背后的研发投入等关键信息，判断市场是否存在未满足的需求或新的增长点。

一家餐饮供应链企业通过深入分析竞争对手的动态，成功抢占了市场先机。当企业发现竞争对手开始持续扩充产品矩阵和加大推广力度时，便敏锐地捕捉到了餐饮行业标准化、高效化的供应链服务要求趋势。通过财务和市场数据的综合分析，企业整合研发与供应链资源，推出涵盖多菜系、适配不同规模餐饮企业的标准化菜品方案，实现了成本优化与品质管控的双重突破。凭借高性价比的产品组合与灵活的服务模式，企业在激烈的市场竞争中脱颖而出，实现了快速发展。

5. 抓住数字化转型的浪潮：趋势中的必选项

在数字化时代，数字化管理和智能化操作已经成为企业提升竞争力的核心要素。对于中小企业而言，数字化转型不仅是提升效率、优化成本的重要手段，更是追踪行业趋势、把握市场机遇的必由之路。通过引入先进的数字化工具和技术，中小企业可以实现业务流程的自动化和智能化，提高决策效率和响应速度，从而更好地适应市场变化。

在实施数字化转型时，中小企业可以根据自身实际情况和需求，选择适合的数字化工具和技术。比如，引入 CRM（客户关系管理）系统记录客户数据，实现客户关系的精细化管理；使用云端会计软件管理财务数据，提高财务处理的准确性和效率；利用大数据分析挖掘市场需求和消费者偏好，为产品研发和市场推广提供科学依据。

一家初创的手工艺品企业便通过数字化转型实现了快速发展。该企业利用社交媒体平台的销售数据分析功能，发现年轻消费者更偏爱环保材料的产品。于是，企业迅速调整原材料采购策略，优先采购环保材料。同时，通过数据管理优化库存配置，减少库存积压和浪费。这一系列举措不仅扩大了企业的市场份额，还显著降低了库存成本，提高了企业的盈利能力。

案例链接

**连锁餐饮店通过全面预算
与绩效考核实现双赢**

一、案例背景：连锁餐饮店的运营困境与转型需求

在高度竞争的餐饮行业，如何提升运营效率和增强盈利能力一直是许多企业面临的重大挑战。尤其对于连锁餐饮店而言，规模化运营的复杂性、各个门店的独立性与整体战略的协调性常常导致经营管理上的困境。

我曾经辅导的一家连锁餐饮店在经历了快速扩张后，面临着成本控制不严、人员管理和考核体系不清晰、缺乏有效的数据支持等多个问题。尽管门店数量逐年增长，营业收入逐步提升，但其财务状况却并未相应改善。这家连锁餐饮店面临着运营的困境和转型的需求。

二、情况分析：管理体系和预算执行的现状

1. 财务与运营缺乏连接

在辅导的初期，门店的财务与运营部门缺乏有效的连接。店铺的财务管理主要依赖人工账目，并没有一个科学的数据分析系统来支撑运营决策。即使每天的营业收入和支出数据通过传统的账本记录，但由于缺乏详细的成本和利润分析，很多决策是基于经验或直觉而非数据支持。

2. 绩效考核体系模糊

门店的管理层没有明确的绩效指标和奖惩机制。虽然店总、行政经理、行政总厨等关键岗位有各自的责任，但由于缺乏统一的绩效考核标准，员工的积极性不高，责任感也有所缺失。部分管理岗位的业绩与实际经营状况脱节，导致了组织效率低下，无法充分调动团队的积极性。

3. 资源配置不均

尽管店铺数量扩张，但没有有效的预算管理和财务预测，导致资源配置不均，尤其是在人员管理和物资采购上。店总、行政经理等关键岗位的人员配备和管理没有得到科学的规划，导致了资源浪费和管理瓶颈。

三、解决方案：全面预算与绩效考核的落地实施

针对上述问题，辅导团队为餐饮店提出了以下解决方案，重点在于通过全面预算管理和精细化绩效考核体系的建立，来优化运营效率和财务状况。

1. 全面预算管理的实施

餐饮店建立了全面预算体系，将每个门店的预算从整体营业收入到每个部门的成本、毛利率、可控费用、人员薪酬等进行了细化设定。通过这种方式，不仅可以提前规划好每个门店的运营目标，还能对预算执行情况进行实时监控，确保各项指标的达成。

在营业净收入和毛利率方面，每个门店和岗位都明确了营业收入和毛利率的目标，这不仅帮助店铺聚焦于核心业务，还使得财务人员能够对各门店的盈利状况进行监控，及时发现问题并作出调整。

在可控费用和可控费用率方面，通过预算管理，餐饮店设定了每项费用的预算范围，并要求各部门严格执行，避免浪费和超支。

2. 精细化的绩效考核体系

为了调动员工积极性，餐饮店为不同岗位的管理层设计了详细的绩效考核体系。从店总、行政经理、行政总厨到后勤经理、财务经理、营业经理等关键岗位，绩效考核都围绕财务指标、管理指标及团队协作指标进行全面评估。以下是具体的考核要点。

（1）店总

财务指标：包括营业净收入、毛利率、可控费用和可控费用率等。这些指标反映了店铺的整体财务健康状况，是评估店总管理效果的核心。

管理类指标：包括工资额、工资率、D级客户数、客诉管控等，反映了店总在团队管理、客户关系和店铺服务质量上的表现。

（2）行政经理

考核项目：行政经理的绩效考核涉及零点订餐奖励、宴会订餐奖励、客评测评奖等。这些指标旨在激励行政经理关注顾客满意度、员工管理和成本控制。

绩效奖励：在考核指标达标的基础上，行政经理可通过绩效奖励获得额外的激励。比如，通过优化人员流失率、控制工资费用率等指标，行政经理能为店铺节省成本并提升效率。

（3）行政总厨

财务指标：某菜品成本率、可控费用率等，是衡量行政总厨在控制成本和提升菜品收入方面的重要标准。

管理指标：成本管控、品控管理、培训管理、菜品研发等，体现了行政总厨在厨房管理、人员培训及菜品创新方面的成绩。

3. 绩效考核结果的透明化与激励机制

餐饮店采用了透明化的绩效考核和奖励机制。通过绩效奖励汇总表，将每个岗位的考核项目、基本工资、绩效工资和最终奖励数额进行了明确列出，并设定了具体的奖励标准。比如，若某项指标达到预定目标（如宴会收入超额、员工流失率低于标准），则可获得额外奖励。

四、实施效果：双赢局面的实现

1. 运营效率显著提升

通过全面预算管理和精细化的绩效考核体系，餐饮店的整体运营效率得到了显著提升。各岗位员工的工作积极性和责任感得到了充分调动，门店的成本控制能力、毛利率和营业收入都在短期内得到了有效改善。

2. 财务状况得到优化

随着可控费用和毛利率的严格把控，餐饮店的财务状况得到了明显改善。预算管理的实施使得每项支出都有了明确的控制标准，避免了资源浪费。每个门店的财务数据实时监控，使得公司高层能够快速发现并解决潜在的财务问题。

3. 团队协作与管理效果显著提高

绩效考核机制的落地使得店铺管理层之间的协作更加紧密。

店总、行政经理、行政总厨等关键岗位的负责人都明确了各自的职责和目标，团队合作效率得到了显著提升。通过有针对性的考核和奖励，员工的工作热情得到了极大的调动，管理团队的整体执行力和责任心也得到了提升。

五、思考启示

这一案例表明，在连锁餐饮行业中，财务转型和管理优化可以通过全面预算管理和精细化绩效考核来实现双赢局面。通过预算管理，餐饮店能够科学规划收入与支出，确保各项费用在可控范围内；而通过绩效考核，餐饮店能够提升员工的工作积极性与管理效率，从而推动整体业绩的提升。这一经验对于其他餐饮企业乃至其他行业的管理优化都有重要的借鉴意义，相关绩效考核模板见表3-1、表3-2、表3-3。

表3-1　店内"三驾马车"绩效考核体系

		店总		行政经理		行政总厨	
	分类	考核点	分类	考核点	分类	考核点
三驾马车	财务指标	营业净收入	财务数据	全店营业毛收入（不含酒水）	财务数据	总菜金毛收入
		毛利率		毛利率考核		菜金成本率
		可控费用		可控费用		可控费用率
		可控费用率		可控费用率		
	管理类	工资额	管理奖	D级客户数	管理指标	成本管控
		工资率		4D管理奖		品控管理
		D级客户数		培训		培训管理
		客诉管控奖		人员流失		4D管理
		4D管理奖		新菜品销售		菜品研发
						人事管理

表3-2 "三驾马车"绩效奖励汇总表

序号	岗位	考核项	基本工资	①零点订餐奖励		②宴会订餐奖励		③客评测奖率奖励	④4D检查达标奖励		⑤人员流失率管控奖励	⑥工资费用率奖励		⑦运营成本节约奖励		⑧月度营业收入超额奖励		⑨宴会收入奖励	绩效合计	总计
				点数	奖励	消费金额	奖励	有效评价数达到门店开台数的40%	检查分数	奖励	达标5%	年度平均值（未测算）	目标	实际	目标	超额	奖励	完成当月总营业收入	超额	奖励	完成当月宴会营收	奖励		
1	店总	①②③④⑤⑥⑧																						
2	行政经理	①②③④⑤⑦⑧																						
3	行政经理	①②③④⑤⑦⑧																						
4		①②⑦																						
5	楼层经理	①②⑦																						
6		①②⑦																						
7		①②⑦																						
8	营业经理	①⑧																						
9	宴会专员	①⑨																						

表3-3 店内"三驾马车"绩效考核工资

序号	岗位	考核项	基本工资	绩效工资 ①成本率管控奖励 标准成本率	绩效工资 ①成本率管控奖励 当月产生实际成本率	绩效工资 ①成本率管控奖励 奖励	绩效工资 ②4D检查达标奖励 检查分数	绩效工资 ②4D检查达标奖励 奖励	绩效工资 ③人员流失率管控奖励 达标5%	绩效工资 ③人员流失率管控奖励 奖励	绩效工资 ④工资费用率奖励 年度平均值（未测算）	绩效工资 ④工资费用率奖励 实际	绩效工资 ④工资费用率奖励 奖励	绩效工资 ⑤档口成本率管控奖 标准成本率	绩效工资 ⑤档口成本率管控奖 当月产生实际成本率	绩效工资 ⑤档口成本率管控奖 奖励	绩效合计	总计
1	行政总厨	①②③④																
2	成本厨师长	①③																
3	4D厨师长	②③																
4		②③																
5	档口主管	②③⑤																

第二节 路径抉择：数字化转型与智能飞跃

在2024年的一次调研中，超过70%的中小企业表示对数字化转型"又爱又恨"。"爱"是因为它带来了效率与竞争力的提升，"恨"是因为转型中涉及的资金、人力投入及选择的复杂性让人望而却步。我在一家传统零售企业的数字化项目中，也深刻感受到路径选择的重要性。

那家企业的初始目标很明确：降低人工对财务数据的依赖，提升报表生成效率。但在选型时却陷入了"高价ERP还是轻量化工具"的两难。最终，他们决定从低成本的在线财务工具起步，同时逐步构建数据采集机制。两年后，当企业有了更成熟的数据基础和运营资金，他们顺利升级到更高效的一体化系统。

数字化转型不必一步到位，关键在于找到适合企业现状的路径。从"小步快跑"到"全面飞跃"，每一步都能为企业发展积累价值。选择一条明确的转型路径，是打开未来之门的第一把钥匙。

在当今这个数字化时代，数字化转型已成为中小企业生存与发展的必然选择。它不仅是对企业耐力和资金实力的考验，更需要在技术选型和实施路径上做出明智而精准的决策。随着人工智能、大数据、物联网等技术的快速普及，使得数字化转型的门槛不断降低，为中小企业提供了前所未有的机遇。

1. 从"小而美"起步：轻量化工具的灵活优势

面对数字化转型的浪潮，许多中小企业心存顾虑，担心投入大、见效慢，甚至可能因转型失败而拖垮企业。然而，数字化转型并非一蹴而就，也不意味着必须立即使用复杂的ERP系统或智能系统。相反，通过利用轻量化、低成本的数字化工具，中小企业可以快速实现转型的初步目标，逐步建立起对数字化的信心和依赖。

以一家经营电商的小型服装企业为例,他们起初对数字化转型感到迷茫和不安。然而,通过引入在线财务管理工具和库存追踪系统,他们发现这些工具不仅易于上手,而且价格实惠,无须大量培训即可投入使用。这些工具的使用,极大地减少了手工记账的错误,提高了库存盘点的效率,使得企业的运营更加顺畅。正是这些轻量化工具的灵活优势,为企业的数字化转型奠定了坚实的基础。

对于中小企业而言,优先选择云端工具是明智之举。在线会计软件、CRM系统等云端工具,不仅支持随时随地访问,还能有效降低维护成本。同时,针对企业运营中的单点问题,比如财务报表自动化、销售数据分析等,可以从这些具体场景入手,通过数字化工具解决痛点,逐步建立数字化信任感。这种"小而美"的起步方式,既降低了转型的风险,又能够让企业快速看到数字化的成效。

2. 数据驱动决策:打造财务管理的"智慧大脑"

数字化的核心在于数据,而智能化的关键则在于如何利用这些数据来优化决策。对于中小企业而言,通过部署数据采集和分析工具,可以更加精准地预测未来趋势,优化运营模式,提高企业的竞争力。

随着技术的不断进步,生成式人工智能和自助分析工具逐渐成为市场主流。这些工具能够将复杂的财务和运营数据转化为直观的可视化报告,为管理层提供有力的决策支持。

以一家食品加工企业为例,他们通过引入数据分析工具,实时监测生产环节的能耗和原料利用率,发现了多个成本优化点。在半年内,能耗降低了15%,原料浪费率减少了20%,取得了显著的成效。

为了打造财务管理的"智慧大脑",中小企业需要构建完善的数据流。从采购、生产到销售各环节,设立数据采集点,确保财务与业务数据的实时对接。同时,尝试使用自动化分析工具,如Power BI、Tableau等,让财务数据不仅"可看",还"能用"。通过这些工具的应用,企业可以更加深入地挖掘数据价值,为决策提供更加科学、准确的依据。

3. 人工智能与财务自动化:提升效率的新引擎

人工智能技术的快速发展,正在深刻改变着企业的运营方式。在财务领域,人工智能工具已经能够实现自动分类账目、智能预测现金流、实时核对发票等操作,极大地提高了财务工作的效率和质量。

特别是人工智能生成内容(如 ChatGPT)和 RPA 的应用,正在成为企业的"效率倍增器"。即便是小型财务团队,也可以通过这些工具减少重复性工作,将更多精力投入到战略决策支持中。

以一家小型制造企业为例,在人工智能的辅助下,他们将月末结账的时间从 7 天缩短至 2 天。通过智能软件自动处理发票和对账任务,不仅提高了效率,还降低了出错率,使得财务工作更加高效、准确。

对于中小企业而言,在引入人工智能工具时,应优先选择模块化解决方案。根据企业的实际需求,按需启用功能,比如账单处理、预算分析等,以降低初期投入。同时,要强化人机协作,让财务人员与人工智能工具相辅相成。通过人工智能完成重复性任务,释放财务人员的潜力,提升团队的战略思考能力,为企业的长远发展提供有力支持。

4. 逐步迈向全流程数字化:从"单点突破"到"全局优化"

数字化转型的最终目标,是实现企业全流程的优化。从前端销售到后端财务,再到供应链管理,各个环节都能无缝衔接,形成一个高效、协同的整体。然而,对于中小企业而言,一次性实现全流程数字化往往难度较大。因此,分阶段实施成为降低风险、稳步推进的有效路径。

在实施路径上,中小企业可以采取"单点突破、模块协同、全面整合"的策略。首先,针对某个具体环节进行单点优化,比如引入自动生成报表工具或库存追踪系统。通过这些单点优化,企业可以快速看到数字化的成效，增强转型的信心。其次，将多个优化点串联起来，实现模块协同。比如，打通销售与财务系统，实现自动开票和回款跟踪，提高运营效率。最后，当企业具备了一定基础和经验后，可以采用一体化的ERP系统，整合财务、业务、库存等所有模块，实现全流程自动化。

以一家五金配件企业为例，最初只是从简单的进销存软件入手，逐步引入采购、物流和财务的协同模块。经过三年的努力，他们成功实施了ERP系统，全面提升了交付效率和财务透明度。这一逐步迈向全流程数字化的过程，不仅降低了转型的风险，还确保了转型的顺利进行。

5.选择合作伙伴：外包与内建的平衡

数字化转型并非孤军奋战。对于技术能力有限的中小企业而言，与技术服务商合作是降低门槛、加速转型的有效方式。然而，如何选择适合的合作伙伴，成为中小企业面临的一个重要问题。

在选择合作伙伴时，中小企业应重点关注以下几个方面。首先，要看服务。优先选择有中小企业服务经验的供应商，确保其提供的方案能够贴近企业的实际需求。其次，要看灵活性。选择支持按需扩展的方案，以避免初期投资过高带来的风险。最后，要看支持。注重供应商的后续培训和维护支持，确保系统能够稳定运行，及时解决企业在使用过程中遇到的问题。

以某中小型家具制造企业为例，他们通过与一家本地信息技术公司合作，仅用半年时间就完成了从采购到财务的数字化改造。而且，整个改造过程的成本仅为同类大企业解决方案的30%。这一成功的合作经验，为中小企业选择合作伙伴提供了有益的借鉴。通过与技术服务商的合作，中小企业可以更加顺利地推进数字化转型，实现企业的快速发展。数字化基础、管理及成效评测表见表3-4。

表 3-4 数字化基础、管理及成效评测表[①]

一级指标	二级指标	采集项	序号	题 目	选项类型
数字化基础 50%	设备系统 40%	网络建设 40%	1	企业网络建设连接情况 □无 □企业车间建成工控网络，支持自动化控制应用 □企业建成应用系统网络，实现大规模设备、人员与信息系统互联，可支持大规模设备、人员与信息系统互联 □企业建设/租用5G工业网络，支撑系统互联和网络协同应用，满足AGV、工业互联网等规模化移动应用场景需求 □网络全面覆盖生产现场与环节，具备未来智能化新应用的扩展能力	多选
		设备数字化 30%	2	企业的生产设备数字化率 □[0-10%] □(10%,20%] □(20%,40%] □(40%,60%] □(60%,100%] 具体数据[　]，其中生产设备数量为[　]台，实现数字化的生产设备数量为[　]台	单选
		设备联网 30%	3	企业的生产设备联网率 □[0-10%] □(10%,20%] □(20%,40%] □(40%,60%] □(60%,100%] 具体数据[　]，其中实现联网的生产设备数量为[　]台	单选
	数据采集 20%	数据采集 100%	4	企业实现数据自动采集的业务环节覆盖范围 □无　　□产品设计　□工艺设计　□营销管理　□售后服务 □计划排程　□生产管控　□质量管理　□设备管理 □安全生产　□能耗管理　□采购管理　□仓储物流 □财务管理　□人力资源	多选
	信息系统 20%	信息系统 100%	5	企业使用本地或云化部署的信息化服务，实现业务的数字化管理情况 □无 □单个业务环节 □多个业务环节（2个及以上） □绝大部分业务环节（大于80%）□全覆盖	单选

① 摘自中小企业数字化水平评测指标（2024年版）

第三章 策略先行：规划转型的制胜之路

续上表

一级指标	二级指标	采集项	序号	题目	选项类型
数字化基础 50%	信息安全 20%	网络安全 50%	6	企业在保障网络安全方面采取的举措 □无 □建立了网络安全管理制度 □使用了网络安全产品及服务（如防火墙、网络分区、入侵检测、身份认证等） □自行或委托专业评估机构实施网络安全风险评估 □建立网络边界安全访问控制能力，及网络关键节点入侵检测和恶意代码检测能力	多选
		数据安全 50%	7	企业在保障数据安全方面采取的举措 □无 □建立了数据安全管理制度 □使用了数据安全产品及服务（如数据加密、数据备份与恢复、数据脱敏、数据分级分类保护等） □自行或委托专业评估机构实施数据安全风险评估 □建立数据台账（类型、用途、数量、数据源单位、使用单位等），定期开展数据安全保障能力核验	多选
数字化管理 30%	规划管理 50%	规划实施 50%	8	企业对数字化的认识与执行水平情况 □无 □已经主动了解数字化相关内容 □已经制定实施数字化的规划、计划及保障措施等 □已经着手开始进行单点或多点的数字化改造 □已经通过数字化手段实现业务模式、管理决策方式的改变并取得成效 □定期组织员工去数字化建设成效较好的同行业公司参观交流，增强数字化转型意识	单选
		管理机制 50%	9	企业数字化管理制度的建立情况 □无 □建立数字化转型实施工作流程 □建立信息系统建设及运营管理制度 □建立数据资源管理制度 □建立与数字化融合的科研、业务、产品等方面的创新激励制度	多选
	要素保障 50%	人才建设 50%	10	企业在数字化人才建设方面采取的举措 □无 □配备专职/兼职的数字化人才 □设置专门的数字化岗位/部门 □定期对员工开展数字化方面培训 □有明确的数字化人才绩效及薪酬管理 □有明确的数字化人才梯度培育机制	多选

续上表

一级指标	二级指标	采集项	序号	题目	选项类型
数字化管理 30%	要素保障 50%	资金保障 50%	11	企业近三年平均数字化投入总额占营业额的平均比例（企业成立不满三年按照实际成立时长计算年均投入） □ [0-10%] □（10%,20%] □（20%,40%] □（40%,60%] □（60%,100%] 具体数据为 [　　] 万元/年	单选
数字化成效 20%	绿色低碳 35%	绿色低碳 100%	12	企业数字化改造后每百元营业收入中综合能源消费量相比于改造前的变化情况 □增加 □持平 □降低 企业上年综合能源消费量为 [　　] 吨标准煤，前年数据为 [　　] 吨标准煤	单选
	产品质量 35%	产品质量 100%	13	企业数字化改造后月均产品合格率相比于改造前的变化情况 □降低 □持平 □增加 具体数值为 [　　]	单选
	市场效益 30%	市场表现 50%	14	企业上年度人均营业收入相比于前年变化情况 □降低 □持平 □增加 企业上年员工人数为 [　　] 人，营业收入为 [　　] 万元；前年员工人数为 [　　] 人，营业收入为 [　　] 万元	单选
		价值效益 50%	15	企业上年度每百元营业收入中的成本相比于前年变化情况 □增加 □持平 □降低 企业上年成本为 [　　] 万元；前年成本为 [　　] 万元	单选

评分逻辑：

a. 对于 5 个选项的单选题，从第一个选项到最后一个选项每个选项的分值分别为 0 分、25 分、50 分、75 分、100 分；对于 3 个选项的单选题，从第一个选项到最后一个选项每个选项的分值分别为 0 分、50 分、100 分；多选题选"无"得分为 0，其他情况得分为被选择的选项数量 ×100÷（所有选项总个数 −1）。

b. 该部分总分 =Σ 每个选项得分 × 采集项权重 × 二级指标权重 × 一级指标权重。

第三节　里程碑：分阶段迈向成功的足迹

如果把财务转型比作一场长跑比赛，那么分阶段设定里程碑就是补给站。曾经有一位经营服装批发业务的朋友跟我抱怨："我们都知道要优化财务流程，可每次一开始就像陷进泥潭，走几步就想放弃。"

我仔细了解后发现，他的转型计划确实太"贪心"了，想一次性解决企业所有的财务管理问题。从预算到成本分析、再到决策支持，他都希望能在半年内全面提升，但这样的压力让团队无所适从，最终只能草草收场。后来，我们一起重新设计了一个分阶段实施的计划，即先从基本的成本控制开始，逐步扩展到自动化报表和智能化预算预测。在每个阶段结束时，我们都会设置一个小目标，比如提高成本准确率、缩短报表生成时间等，并在达成后总结经验、庆祝成果。

事实证明，这种分阶段的方式不仅让团队的负担减轻，还能通过不断的成就感激励大家坚持下去。财务转型是一个长期的过程，而设立清晰的里程碑可以帮助企业从容不迫地迈向成功。每一次的"到达"，都为下一阶段积蓄了更强大的力量。

财务转型对于中小企业而言,无疑是一场漫长而艰辛的攀登之旅。然而,正是这一路上每一个阶段性的"小高峰",构成了我们通往成功的重要里程碑。通过分阶段的实施,中小企业不仅能够降低转型的压力,还能在每一步中稳步积累成功的动力。设立清晰的里程碑,不仅是规划转型路径的关键,更是衡量转型成果、激励团队前行的有效工具,具体内容如图 3-1 所示。

第一阶段:夯实基础,数据准确是起点　　第二阶段:提升效率,聚焦流程自动化　　第三阶段:深度分析,决策支持成为核心　　第四阶段:全面整合,迈向智能化管理　　第五阶段:定期复盘,动态调整目标与方法

中小企业财务转型五个阶段

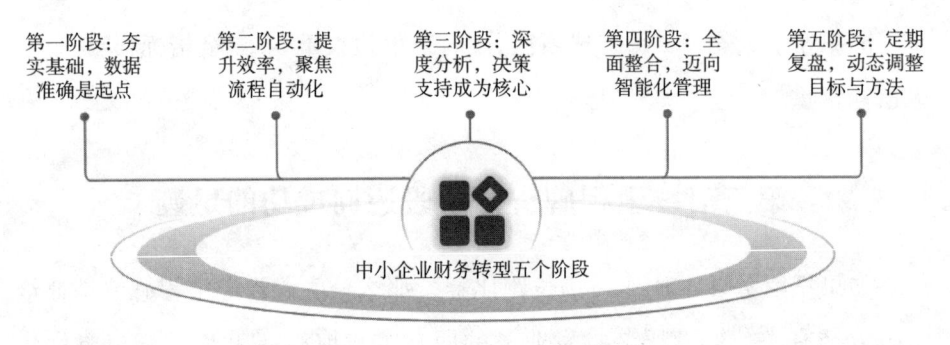

图 3-1　中小企业财务转型五个阶段

1. 第一阶段:夯实基础,数据准确是起点

转型的第一步,也是最为关键的一步,就是确保数据的准确性。无论是成本核算、收入确认,还是库存管理,如果数据存在偏差,那么后续的分析和决策都将失去准确性,正所谓"差之毫厘,失之千里"。因此,在这一阶段,我们的主要任务是打造坚实的数据基础。

为了实现这一目标,我们需要设立具体的里程碑。首先,要实现关键财务数据的标准化录入,确保每一笔收入和支出都能被准确记录。这听起来简单,但实际操作中却需要极大的细心和耐心。其次,我们要检查并优化数据来源,清理历史错误记录,以确保数据的质量。这是一个烦琐但必要的过程,因为只有建立在准确数据基础上的转型,才能经得起时间的考验。

第三章　策略先行：规划转型的制胜之路

在这一阶段，我们可以借助一些小工具来提升效率。比如，采用基础的财务管理软件，如金蝶云、用友畅捷通等，这些软件能够帮助财务团队更加高效地处理账目，减少人为错误。同时，我们还需要对员工进行基础财务知识的培训，并制定严格的数据录入规范，从源头上避免"手工误差"的产生。

完成这一阶段后，企业将拥有一套可靠的财务数据基础。这不仅意味着我们的转型之路迈出了坚实的第一步，更为后续的转型工作奠定了坚实的根基。

2. 第二阶段：提升效率，聚焦流程自动化

在基础数据可靠的前提下，第二阶段我们可以将目光投向提升效率。重复、低效的工作流程是阻碍企业财务转型的一大障碍，因此，我们需要逐步将这些流程自动化，以释放财务团队的潜力。

在这一阶段，我们设立了两个具体的里程碑目标。首先，财务报表的生成时间要缩短30%以上。这意味着我们需要通过技术手段，如RPA等，来优化报表生成的流程，减少人工干预的时间。其次，账单、发票处理要实现50%以上的自动化。通过引入自动化的发票核对、账单处理系统，我们可以大幅提高处理效率，降低出错率。

为了实现这些目标，我们可以考虑引入一些简单的RPA工具来处理事务性任务，如发票核对、报表生成等。同时，我们还需要对企业的审批流程进行梳理和优化，减少无效环节，提高资金流转速度。通过这些措施的实施，我们可以显著提升财务流程的效率，为后续的转型工作打下坚实的基础。

经过这一阶段的努力，企业不仅会发现财务流程变得更加顺畅高效，还会惊喜地发现人力成本得到了有效降低，出错率也大幅下降。这标志着我们的转型之路又迈出了坚实的一步。

3. 第三阶段：深度分析，决策支持成为核心

当企业的基本流程趋于稳定后，财务转型就进入了第三阶段——深度分析阶段。在这一阶段，我们的目标是让财务真正走上决策支持的舞台，成为业务发展的"智囊团"。

为了实现这一目标，我们设立了两个里程碑节点。首先，要实现部门级别的成本分摊和效益分析。这意味着我们需要深入剖析各个部门的财务状况，为管理层提供更加精细化的财务数据支持。其次，要推出季度财务预测报告，为企业战略调整提供参考。通过构建预测模型，我们可以对未来的财务状况进行预测和规划，为企业的战略决策提供有力的数据支撑。

在这一阶段，我们可以借助 BI 工具来实现财务数据的可视化分析。通过 Power BI、Tableau 等工具的应用，我们可以将复杂的财务数据转化为直观的图表和报告，为管理层提供易于理解的决策依据。同时，我们还需要加强与业务部门的沟通协作，深入了解生产、销售等环节的数据需求，将财务分析与业务实际紧密结合起来。

完成这一阶段后，企业的财务部门将实现从"救火队员"到"导航员"的华丽转身。他们不再只是忙于处理日常的财务事务，而是成了企业管理层的重要参谋和助手，为企业的战略决策提供方向感和信心。

4. 第四阶段：全面整合，迈向智能化管理

当企业具备了扎实的数据基础、高效的流程管理和科学的决策支持后，就可以向智能化管理迈进。在这一阶段，我们的目标不仅是优化内部流程，更是要打造企业的外部竞争力。

为了实现这一目标，我们首先要实现跨部门的数据整合，打破"信息孤岛"。通过构建一体化的数据平台，我们可以实现财务、销售、供应链等模块的数据共享和协同作战。其次，要部署预测性分析模型，模拟多种

商业场景，提前预判市场变化。通过利用人工智能算法和大数据技术，我们可以对企业的未来运营进行精准预测和规划，为企业的战略决策提供前瞻性的指导。

在这一阶段，我们可以考虑部署一体化的ERP系统来整合企业的各项业务流程。同时，我们还可以利用人工智能算法来预测现金流、优化供应链库存及分析市场趋势等。通过这些智能化技术的应用，我们可以大幅提升企业的运营效率和决策水平，为企业的长远发展奠定坚实的基础。

经过这一阶段的努力，企业不仅会发现内部流程变得更加顺畅高效，还会感觉到在市场竞争中更加游刃有余。这标志着企业的财务转型之路已经取得了阶段性的胜利。

5. 第五阶段：定期复盘，动态调整目标与方法

然而，设立里程碑并不意味着我们可以一成不变地按照计划前行。市场环境、技术发展及企业自身的成长都会影响我们的转型路径。因此，定期复盘并动态调整目标和方法至关重要。

在这一阶段，我们需要设立一个持续的复盘机制。比如每季度召开一次转型进度会议，评估目标达成情况，总结经验教训。根据实际情况，我们可以适时调整里程碑目标，比如缩短某些阶段的周期或增加新的目标。同时，我们还需要为团队注入持续改进的动力，鼓励他们勇于尝试新方法、新技术，不断推动转型工作的深入进行。

通过定期复盘和动态调整，我们可以确保每一个阶段的实施都紧密围绕整体目标展开。这不仅能够帮助我们及时纠偏、避免走弯路，还能够确保我们的转型之路始终保持正确的方向。最终，我们将成功登顶财务转型的"山峰"，迎来企业发展的新篇章。

> 案例链接

某服装批发企业的财务转型之旅

在现代商业环境中，中小企业作为经济发展的生力军，面临着诸多挑战，尤其是在财务管理方面。对于一家位于华东地区的中小型服装批发企业（以下简称A企业）而言，财务转型不仅是提升企业竞争力的关键，更是企业持续发展的必由之路。然而，转型之路并非坦途，A企业曾一度因转型策略不当而陷入困境。通过调整策略，采取分阶段实施的方式，A企业最终成功实现了财务转型，为企业的发展奠定了坚实的基础。

一、案例背景

A企业成立于2005年，主要从事服装的批发业务，产品涵盖男装、女装、童装等多个品类。随着业务规模的逐渐扩大，企业开始面临财务管理上的诸多挑战。传统的财务管理模式已无法满足企业日益增长的管理需求，如成本控制不精、财务数据分析滞后、预算管理粗放等问题日益凸显。为了解决这些问题，A企业决定启动财务转型，旨在通过优化财务流程、提升财务管理水平，为企业的持续发展提供有力支撑。

二、问题分析

在财务转型初期，A企业遇到了诸多难题。

1. 成本控制不力

业务规模不断扩大，成本构成日益复杂，传统的成本控制方法已无法准确反映成本状况，导致企业利润空间受到压缩。

2. 财务数据滞后

财务数据的收集、整理和分析过程烦琐且耗时，导致管理层无法及时获取准确的财务信息，影响决策效率。

3. 预算管理粗放

预算制定过程缺乏科学性和灵活性，难以有效指导业务运营，且预算执行情况难以监控。

4. 团队士气低落

面对繁重的财务转型任务，团队成员感到压力巨大，士气低落，转型进展缓慢。

这些问题的存在，使得A企业的财务转型之路充满了挑战。经过深入分析，我们发现问题的根源在于转型策略过于激进，试图一次性解决所有财务管理问题，导致团队负担过重，转型效果不佳。

三、解决方案

为了走出困境，A企业决定调整转型策略，采取分阶段实施的方式，逐步推进财务转型，具体方案如下。

1. 第一阶段：成本控制优化

目标：提高成本控制的准确性和效率，降低企业成本。

措施：引入先进的成本管理软件，实现成本数据的自动化收集和分析；优化成本核算流程，确保成本数据的准确性；加强对供应商的管理，降低采购成本。

里程碑：成本准确率提升至95%以上，采购成本降低5%。

2. 第二阶段：财务数据自动化

目标：实现财务数据的自动化处理和分析，提高财务信息的及时性和准确性。

措施：引入财务自动化软件，实现财务报表的自动生成和数据分析；优化财务流程，减少人工干预；建立财务数据仓库，为管理层提供决策支持。

里程碑：报表生成时间缩短至原来的50%，财务数据准确率提升至98%以上。

3. 第三阶段：预算管理精细化

目标：实现预算管理的精细化和科学化，提高预算的指导性和可控性。

措施：引入全面预算管理软件，实现预算的制定、执行和监控的全程管理；优化预算制定流程，增强预算的灵活性和科学性；建立预算考核机制，确保预算的有效执行。

里程碑：预算准确率提升至90%以上，预算执行率提升至95%以上。

在每个阶段结束时，A企业都会组织团队进行总结和庆祝，肯定成绩，分析不足，为下一阶段的转型积蓄力量。通过这种分阶段实施的方式，A企业的财务转型取得了显著成效。

四、反思启示

A企业的财务转型之旅给我们带来了以下深刻的启示。

1. 分阶段实施是关键

财务转型是一个长期而复杂的过程，不能急于求成。通过分阶段实施，可以逐步解决财务管理中的问题，减轻团队负担，提高转型成功率。

2. 设立里程碑是保障

在每个阶段设立明确的里程碑和目标，可以激励团队成员积极投入转型工作，同时也有助于监控转型进度和效果。

3. 团队士气是支撑

转型过程中，团队士气至关重要。通过定期总结和庆祝成果，可以增强团队凝聚力，提高团队成员的积极性和创造力。

4. 持续优化是动力

财务转型并非一劳永逸，而是一个持续优化和改进的过程。企业需要不断关注财务管理中的新问题和新挑战，及时调整转型策略，确保财务管理的持续优化和提升。

第四章　数字基石：构建财务管理的"未来之城"

牛顿曾说："如果我看得比别人更远，那是因为我站在巨人的肩膀上。"在现代企业管理中，这些"巨人"正是不断进化的数字化技术。伴随着数字经济的迅猛发展，中小企业财务管理的未来不再是纸质报表和手工核算，而是一座基于数字技术构建的"未来之城"。这一城池，承载着效率、创新与安全的重任，是企业迈向未来的核心支柱。

比尔·盖茨也曾预言："21世纪要么电子商务化，要么无商可务。"这一论断在财务管理领域同样适用。传统的财务工具和方法正在被更智能、更集成的系统所取代。ERP系统与专业财务软件不再只是高成本的"豪华品"，而是每个中小企业都可以选择的高性价比"利器"。

然而，数字化的优势远不止于软件。借助云计算，企业的数据存储和服务能力可以突破物理限制。云端的灵活性与高效性，不仅能帮助企业更好地整合资源，还能为决策提供实时、准确的支持。然而，凡事有利亦有弊，随着数据向云端迁移，网络安全的挑战也随之而来。

面对日益复杂的网络环境，数据安全已然成为企业发展的头等大事。从防火墙到加密技术，每一项安全措施都是"未来之城"的重要砖瓦。本章将深入剖析数字化财务管理的核心要素，涵盖财务软件的精准选型、云端架构的科学布局，以及全流程安全防护体系的构建，助力企业夯实数字基建，以稳健步伐迈向智能财务新时代。

第一节　软件升级：ERP系统与财务软件的智慧之选

在中小企业中，"财务软件升级"一直是热门话题。有一位服装行业

第四章 数字基石:构建财务管理的"未来之城"

的企业主向我吐槽:"系统更新得快,但感觉用不到10%。"这种困惑并不少见,尤其是对初次接触ERP系统的企业来说,功能太多反而无从下手。

我记得第一次接触ERP系统时,也觉得操作界面很复杂。但深入研究后发现,ERP系统的优势在于它可以根据企业的实际需求进行模块化配置。比如,销售部门可以专注订单管理,财务部门则关注报表生成与成本分析。对中小企业而言,可以先从轻量化系统入手,等企业规模扩大后再逐步升级。

通过合理选型并结合实际需求,软件升级可以为财务转型提供坚实的基础。毕竟,选对了工具,工作效率就能事半功倍。

软件升级,对于中小企业而言,可不仅仅是一桩"花钱买工具"的简单交易,它更像是一次精心策划的投资,旨在提升管理效率,增强竞争力。然而,面对琳琅满目的软件产品,如何选对工具、用好系统,却成了摆在许多企业面前的一道难题。接下来笔者将细细拆解ERP系统与财务软件的功能差异,并提供一份实用的选型指南,助力您的企业找到最适合自己的解决方案,具体内容如图4-1所示。

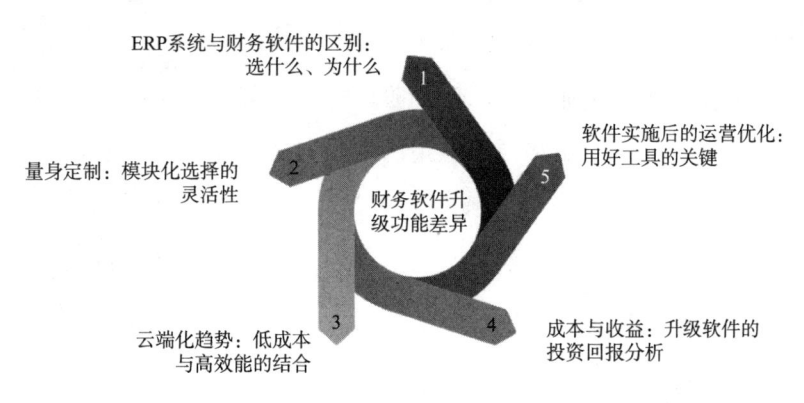

图4-1 财务软件升级功能差异

1. ERP系统与财务软件的区别：选什么、为什么

当企业考虑软件升级时，ERP系统和财务软件之间的区别常常让人感到困惑。其实，这两者各有千秋，适用于不同的企业需求。

财务软件，顾名思义是专注于财务管理的得力助手。它主要用于记录企业的日常收支和进行财务计算，并生成各类财务报表。对于初创企业或小型团队来说，财务软件足以满足基础的财务管理需求且功能相对单一，操作简便。

而ERP系统，则是一个一体化的管理平台，它整合了财务、供应链、生产、销售等多个模块，实现了企业资源的全面整合与优化。对于需要多部门协作、追求整体运营效率提升的企业来说，ERP系统无疑是更好的选择。

那么，如何做出选择呢？如果企业规模较小，管理层主要关注基础的财务功能，那么一款简单易用的财务软件，如用友、金蝶等，将是性价比极高的选择。而如果企业正处于扩张阶段，希望提升整体运营效率，实现业务与财务的无缝衔接，那么分阶段实施ERP系统将是明智之举。可以从财务模块起步，逐步扩展到供应链、生产等其他功能模块。

以一家食品加工企业为例，初创阶段他们使用了一款本地化的财务软件，轻松满足了日常记账和税务申报的需求。随着业务的不断扩张，他们逐渐意识到需要更全面的管理支持。于是，他们逐步引入ERP系统中的库存管理和生产计划模块，最终实现了财务与业务的无缝对接，大幅提升了企业的运营效率。

2. 量身定制：模块化选择的灵活性

ERP系统的一个显著优势，就是其模块化特性。中小企业可以根据自身的实际需求，分步实施各个模块，而不必一次性全盘接入所有功能。这种量身定制的方式，既降低了实施难度，又提高了软件的实用性。

第四章　数字基石：构建财务管理的"未来之城"

在选择模块时，企业应优先考虑那些能够解决当前痛点的模块。比如，财务模块是 ERP 系统的核心，包括总账管理、预算控制、报表生成等功能，对于提升财务管理水平至关重要。对于生产型或贸易型企业来说，库存管理模块能够实时追踪原材料与成品的库存情况，有效减少积压或短缺风险。而销售模块则能帮助企业追踪客户订单、优化报价流程，从而提升销售效率。

在实践过程中，企业应从自身的痛点出发，选择最迫切需要的模块进行部署。同时，在与供应商沟通时，要明确自己的需求，避免购买那些"用不到的功能"，从而造成浪费。

以一家家居制造企业为例，他们在首次引入 ERP 系统时，仅部署了财务和采购模块。这一举措有效解决了预算超支和供应商交付延迟的问题。随着企业的发展壮大，他们又增加了销售管理模块，进一步提升了业务协同效率，实现了销售与生产的无缝对接。

3. 云端化趋势：低成本与高效能的结合

随着云计算技术的普及和成熟，越来越多的中小企业开始将目光投向云端 ERP 系统。与传统的本地部署相比，云端系统以其成本低、易维护的优势赢得了企业的青睐。

云端 ERP 的亮点之一在于其随时随地访问的便利性。数据存储在云端，无论员工身处何地，只要通过网络就能实时访问系统，实现远程办公和移动办公的便捷。此外，云端系统还具有灵活扩展的特点。企业可以根据业务增长的需要，灵活增加用户数量或模块功能，而无须额外的硬件投入。同时，软件供应商会定期推出新功能并进行自动更新，企业无须额外付费或耗费时间进行维护。

以一家从事跨境电商的企业为例，他们选择了一款云端 ERP 系统，实现了财务与订单管理的同步。这一举措不仅节省了信息技术硬件成本，还提升了财务报表的实时性和准确性,为业务的快速扩张提供了有力的支持。

4. 成本与收益:升级软件的投资回报分析

对于预算有限的中小企业来说,软件升级的成本效益分析是必不可少的一环。在进行升级决策前,企业需要仔细考量以下几个问题,即新软件能否显著提高工作效率;比如,报表生成时间是否能从数小时缩短到几分钟;新软件能否节省人力成本;一些自动化功能是否可以替代人工操作,从而减少人员需求;新软件是否能提升决策质量;通过数据分析功能,企业是否能获得更准确的经营预测和决策支持。

在进行实践时,企业应在升级前明确预期目标,并设立可量化的指标来评估升级效果。比如,降低15%的运营成本或提高20%的库存周转率等。同时,可以设立试用期,观察新软件是否真正改善了流程并满足业务需求。在试用期间,企业可以收集用户反馈,对软件进行调整和优化,确保其与企业的实际需求相契合。

以一家物流企业为例,他们在部署ERP系统前,对软件升级可能带来的效益进行了全面评估。通过流程优化和自动化功能的引入,他们预计每年可以节省近20万元的运营成本。事实证明,系统上线后效益与预期一致,不仅降低了成本,还进一步增强了企业的财务管理能力和业务协同效率。

5. 软件实施后的运营优化:用好工具的关键

选对软件只是成功的第一步,如何用好软件才是转型的核心所在。为了充分发挥软件的作用,企业需要采取一系列策略来优化软件的使用。

(1)培训员工是至关重要的

企业应定期组织软件使用培训,确保所有相关人员都能熟练掌握软件的操作方法。通过培训,员工可以更好地理解软件的功能和优势,从而在

第四章 数字基石：构建财务管理的"未来之城"

实际工作中更加高效地运用它。

（2）优化流程也是必不可少的

在软件上线后，企业应及时调整内部流程，使之与新系统相匹配。这包括调整工作流程、数据录入规范等，以确保数据的准确性和流程的顺畅性。通过优化流程，企业可以进一步提升运营效率，实现业务与财务的无缝衔接。

（3）数据清洗也是至关重要的一环

在导入新系统前，企业应确保数据的准确无误性。这包括对历史数据的梳理、清洗和验证等，以避免因数据错误而影响后续的分析与决策。通过数据清洗，企业可以确保新系统中的数据质量，为后续的运营和管理提供可靠的数据支持。

以一家零售企业为例，他们在 ERP 系统上线后，每月都会组织一次"问题反馈会"。会上，他们鼓励员工提出使用中的痛点和问题，并邀请供应商进行针对性的优化和改进。经过几轮调整和优化后，系统运行流畅，用户满意度显著提升。这一举措不仅提升了软件的使用效果，还增强了企业与供应商之间的合作与信任。

第二节　云上布局：数据中心与服务的云端之旅

有人可能会问："中小企业需要那么复杂的云服务吗？"其实，答案是肯定的。无论企业规模如何，云服务都能为财务数据的存储、共享和安全提供更大的灵活性。

我曾为一家生鲜配送企业提供服务，他们的传统财务系统因数据孤岛问题频频出错。后来，我们引入了基于云端的数据中心，将销售、采购、仓储的相关数据整合到同一平台，并通过权限管理确保敏感信息的安全性。这不仅提升了数据的共享效率，还减少了因为信息滞后而导致的损失。

在信息化时代,"上云"并不是奢侈品,而是必需品。选择适合企业的云服务,不仅是为今天的效率买单,更是为明天的发展投资。

在当今这个数字化时代,"上云"早已不是技术爱好者的专属词汇,而是成了企业发展战略中不可或缺的一环。对于中小企业而言,云服务如同一股清流,不仅极大地降低了数据管理的复杂性和成本,还为企业带来了前所未有的灵活性和高效性。然而,要想让"上云"不仅仅停留在口号上,而是真正转化为推动企业发展的动力,就需要企业结合自身实际,精心策划,稳步实施,具体内容如图 4-2 所示。

图 4-2 数据同步云服务

1. 数据整合:告别"信息孤岛",迎接协同新时代

在不少中小企业中,数据如同散落的珍珠,分散在各个部门的不同系统中,形成了一个个"信息孤岛"。这种分散的数据管理方式,不仅让企业在决策时难以获得全面准确的信息,也严重阻碍了财务转型的步伐。而云端数据中心的出现,就像一座桥梁,将这些孤岛紧密连接起来。

云端数据中心能够打破部门壁垒,将财务、销售、采购、库存等各个环节的数据集成到一个统一的平台上。这样,无论是哪个部门的员工,只要拥有相应的权限,就能实时访问到所需的数据,实现了真正的跨部门协作。更重要的是，云平台的数据更新是实时的，这意味着管理层可以随时随地获取到最新的经营状况，为快速决策提供了有力支持。

以一家生产塑料制品的小企业为例，通过部署云端财务系统，他们成功实现了销售订单与采购计划的同步。这样一来，库存积压的问题得到了有效解决，交付效率也大幅提升。企业的整体运营效率提高了，客户满意度也随之上升，为企业的持续发展奠定了坚实基础。

2. 数据安全：从"被动防守"到"主动出击"

数据泄露事件的频发，让数据安全成了中小企业"上云"时的一大顾虑。然而，事实并非如此。主流云服务商在数据安全方面投入了大量资源，采用了先进的多层加密技术和严格的权限管理方案，为企业数据提供了比传统服务器更高的安全保障。

在数据传输过程中，云服务商会使用强大的加密算法对数据进行加密，确保即使数据在传输过程中被窃取，也无法被破解。同时，云平台还具备强大的灾备能力，能够自动备份数据，并在发生灾难时迅速恢复，大大降低了数据丢失的风险。此外，企业还可以根据员工的职位和职责，为他们设置不同的访问权限，确保敏感数据只能被授权人员访问。

例如，一家物流公司就通过部署云防护机制，成功拦截了一起针对客户订单数据的攻击，有效避免了敏感信息的泄露。这一事件不仅让客户对公司的信任度大幅提升，也为公司在行业内的口碑树立了良好的形象。

3. 成本优化：弹性服务，让企业轻装上阵

传统的信息技术架构，需要企业自行购买服务器、维护硬件、更新软件，这一系列操作不仅成本高昂，还需要专业的技术人员进行支持。对于中小企业而言，这无疑是一笔沉重的负担。而云服务采用的"按需付费"模式，则为企业提供了一种全新的、高性价比的选择。

云服务的弹性扩展能力，让企业可以根据业务规模的变化，灵活调整云资源的使用量。在业务高峰期，企业可以增加云资源，确保系统的稳定运行；在业务低谷期，则可以减少云资源，降低成本支出。这种"用多少付多少"的模式，避免了资源的浪费，提高了资金的使用效率。

此外，云服务还免去了企业维护硬件和更新软件的烦恼。服务商会负责硬件的升级和系统的维护，企业只需专注于自己的业务运营即可。这不仅节省了企业的时间和精力，还让他们能够更专注于核心业务的发展。

例如，一家小型设计公司就通过选择云端渲染服务，成功避免了购买高性能设备的巨大开销。在项目结束后，他们还能根据实际需求缩减资源使用量，运营成本因此降低了约30%。这一举措不仅提高了公司的盈利能力，还为其在激烈的市场竞争中赢得了更多的发展空间。

4. 智能服务：数据分析，让决策更明智

云服务不仅仅是一个数据存储和管理的平台，更是一个强大的数据分析工具。通过云平台提供的数据分析功能，企业可以从海量数据中提取出有价值的洞察，为财务规划、市场预测、运营优化等提供有力支持。

在财务分析方面，云平台能够自动生成经营分析报告，快速识别出成本超支或收入增长点，为企业的财务管理提供精准指导。在市场预测方面，企业可以利用云平台对历史数据进行分析，找出市场趋势和规律，为未来的市场策略制定提供科学依据。在运营优化方面，云平台则能够帮助企业发现运营过程中的瓶颈和问题，提出优化建议，从而提高整体运营效率。

例如，一家零售企业就通过云端分析工具，发现了周末销量占比异常高的情况。基于这一发现，他们及时调整了库存策略，确保了周末期间商品的充足供应。这不仅避免了因临时补货导致的成本增加，还提高了客户的满意度和忠诚度。

5."上云"路径：循序渐进，稳扎稳打

"上云"并非一蹴而就的过程，而是需要根据企业的实际情况，分阶段实施的战略规划。在实施过程中，企业需要遵循循序渐进的原则，稳步推进"上云"工作。

（1）企业需要明确自己"上云"的主要目标

"上云"是为了数据整合、成本优化还是安全防护？只有明确了目标，才能有针对性地选择合适的云服务商和云服务方案。

（2）企业可以选择先从低成本、低风险的试用方案入手

通过试用，企业可以了解云服务的性能和功能，评估其是否满足自己的需求。同时，试用过程也是企业员工熟悉云平台操作、积累使用经验的好机会。

（3）企业可以根据实际情况，分步将业务迁移到云端

可以先将非核心业务（如备份存储）迁移到云端，逐步扩展到核心系统。这样做的好处是在不影响核心业务的前提下，逐步熟悉和适应云服务的使用方式。

（4）企业需要加强对员工的培训

确保相关人员能够熟练掌握云平台的操作技巧和使用方法，避免因技术瓶颈而影响使用效果。同时，企业还需要建立完善的云服务管理制度和流程，确保云服务的稳定、高效运行。

例如，一家教育培训机构在"上云"过程中就采取了循序渐进的策略。他们先是将财务系统迁移到云端，待员工熟悉操作后，再将课程管理系统同步迁移。通过这一系列的举措，他们不仅成功实现了全面的信息化转型，还提高了整体运营效率和服务质量。

第三节　安全护航：网络与数据的双重守护

2024年，一起针对某连锁品牌的网络攻击事件让数据安全问题再次成为焦点。许多中小企业负责人开始意识到，网络与数据安全不仅是企业的事，也是自己的生命线。

我见过一家企业因安全漏洞导致财务数据被篡改，最后不得不花大价钱进行补救。实际上，许多安全问题是可以通过简单的防护措施避免的，比如定期更新软件、设置强密码、对员工进行安全意识培训等。

财务转型的路上，安全问题绝不能被忽视。只有做好"守夜人"，才能让企业的数字化基础建设行稳致远。

在数字化转型的浪潮中，中小企业如同航行在广阔海域的小船，既享受着技术革新带来的风平浪静，也面临着网络与数据安全这片暗礁密布的潜在威胁。企业的财务数据、客户信息，这些关乎企业生死存亡的核心资产，一旦泄露或被破坏，不仅会造成直接的经济损失，更可能让企业声誉受损，甚至陷入信任危机。因此，在财务转型的征途中，构建一套稳固的安全防护体系，是中小企业必须跨越的一道坎，具体内容如图4-3所示。

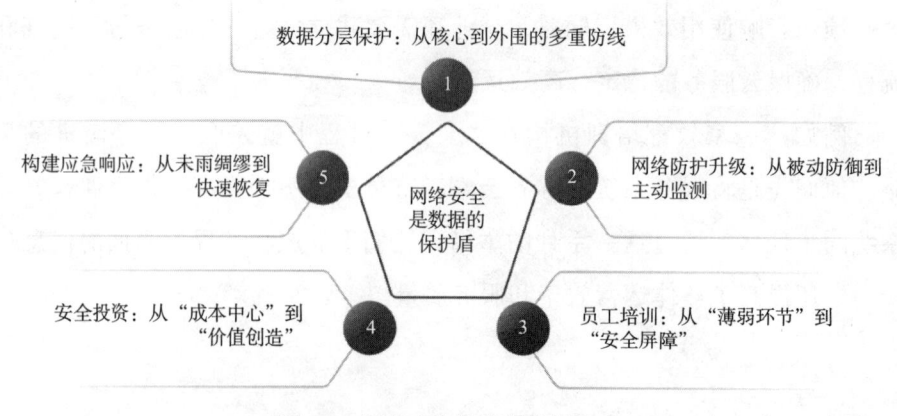

图4-3　网络安全是数据的保护盾

第四章 数字基石：构建财务管理的"未来之城"

1. 数据分层保护：从核心到外围的多重防线

企业的数据种类繁多，价值各异，对安全性的需求也各不相同。为了在不增加过多成本的前提下实现高效的安全保护，数据分层保护策略应运而生。这一策略的核心在于，根据数据的重要性和敏感性，将其划分为不同的层级，并采取相应的保护措施。

对于像财务报表、合同记录这样的核心数据，必须启用端到端加密技术。这种技术能够确保数据在传输和存储过程中始终处于加密状态，即使被不法分子窃取，也难以解读其中的内容。同时，为了防止内部泄露，企业还应为不同岗位的员工设置数据访问权限，仅允许授权人员操作敏感信息。这样，即使某个员工的账号被盗用，也能有效限制数据的泄露范围。

此外，定期将重要数据存储至离线设备也是至关重要的一步。这些离线设备可以包括外部硬盘、磁带库等，它们不连接网络，因此能够免受网络攻击的影响。通过定期备份，企业可以在遭遇网络攻击导致数据丢失时，迅速从离线设备中恢复数据，确保业务的连续性。

2. 网络防护升级：从被动防御到主动监测

在复杂的网络环境中，仅仅依靠简单的杀毒软件或路由器密码设置来防护网络显然是不够的。中小企业需要升级网络防护体系，从被动防御转向主动监测。

部署性能优良的企业级防火墙是第一步。这种防火墙能够实时监控网络流量，发现异常并及时阻断潜在威胁。同时，引入入侵检测系统（IDS）也是至关重要的。IDS 利用智能分析工具监测网络行为，能够识别并响应潜在攻击，及时发出警报，为企业争取宝贵的应对时间。

除技术手段外，定期更新操作系统、应用程序和安全软件也是不可忽视的一环。这些更新通常包含了对已知漏洞的修复，能够避免攻击者利用这些漏洞发动攻击。通过保持软件和系统的最新版本，企业能够大大降低被攻击的风险。

3. 员工培训：从"薄弱环节"到"安全屏障"

在网络安全链条中，员工往往是最容易被忽视但又至关重要的一环。不安全的操作习惯，如点击"钓鱼"邮件、下载来历不明的软件等，都可能为攻击者打开方便之门。因此，加强员工培训，提升员工的安全意识，是构建安全防护体系的重要一环。

企业应定期组织网络安全培训，帮助员工辨别"钓鱼"邮件、假冒网站等常见威胁。通过培训，员工能够学会如何识别这些威胁的特征，避免上当受骗。同时，企业还应强调密码强度、账号共享和软件下载的基本规范，引导员工养成良好的操作习惯。

此外，教授员工在发现安全事件时的第一步操作也是至关重要的。员工应该知道如何迅速隔离受感染的系统、如何向相关部门报告安全事件及如何配合后续的调查和处理工作。这样，即使发生了安全事件，也能够迅速控制局面，减少损失。

4. 安全投资：从"成本中心"到"价值创造"

许多中小企业在面临安全建设的高昂投入时都会感到犹豫不决。然而，随着技术的普及和服务模式的多样化，经济高效的安全解决方案已经层出不穷。

云安全服务是一个很好的选择。通过选择可靠的云服务商，企业可以利用其内置的安全防护功能来保护自己的数据和业务。这种服务模式不仅能够减少硬件投资，还能够享受云服务商提供的专业安全维护和更新服务。

此外，根据企业规模和需求选择适配的安全工具也是降低成本的有效途径。企业不必盲目追求高端的安全设备和技术，而是应该根据自己的实际情况和需求来选择最适合的安全解决方案。这样既能满足安全需求，又能避免浪费。

在预算有限的情况下，企业还可以探索成熟的开源安全软件。这些软件通常具有良好的性能和稳定性，而且免费或价格低廉。通过合理利用开源软件，企业可以在不增加太多成本的前提下提升安全防护能力。

5. 构建应急响应：从未雨绸缪到快速恢复

无论防护多么严密，都无法完全杜绝安全事件的发生。因此，构建一个完善的应急响应机制是企业面对网络安全挑战时的最后一道防线。

（1）企业需要建立一支专门的事件响应团队

这支团队应该由具备网络安全知识和技能的专业人员组成，负责在发生安全事件时迅速响应并处理。通过事先的培训和演练，团队成员能够熟悉应急流程和技术手段，确保在关键时刻能够迅速行动。

（2）制定详细的应急预案也是至关重要的

应急预案应该包括如何隔离受感染系统、如何与客户和监管部门沟通、如何恢复业务等关键步骤。通过制定预案，企业能够在安全事件发生时迅速作出反应，减少损失并恢复业务正常运行。

（3）定期演练应急预案也是必不可少的

通过模拟常见的安全事件，企业可以测试应急方案的可操作性和有效性，并根据演练结果进行改进和完善。这样，当真正的安全事件发生时，企业就能够从容应对，迅速恢复业务。

第五章　流程革命：自动化与优化的双重奏

"我们所能做的最重要的事情，就是不断提升效率。"这是管理学专家彼得·德鲁克的经典箴言。在财务管理的领域中，效率的提升不只是"做得更快"，而是"做得更好"。随着企业运营的复杂性日益增加，传统财务流程的弊端逐渐暴露：烦琐的手工操作、低效的数据传递、频发的人工错误，都成为制约企业发展的障碍。要破解这一困局，企业必须迎来一次"流程革命"，以标准化为基础，以自动化为助力，共奏转型的华丽乐章。

自动化技术的兴起，为财务管理带来了前所未有的变革契机。RPA 正在成为一种强大的生产力工具，从报表生成到数据审核，RPA 能够高效、精准地完成许多重复性任务，解放财务团队的双手，使他们能专注于更具战略性的工作。这一趋势不仅为大企业服务，也正在向中小企业普及，成为财务转型的"加速器"。

与此同时，移动办公的普及为企业管理开启了新的自由时代。借助移动端的财务管理工具，企业能够随时随地获取实时数据、审核关键报表、远程处理资金流动。这种灵活性尤其适合中小企业，它们可以更快响应市场变化，减少决策延误，真正实现"财务无处不在"。

"工欲善其事，必先利其器。"自动化与优化的结合，正是提升企业财务管理竞争力的最佳"利器"。本章将引导读者了解如何通过标准化、自动化和移动化的流程再造，让财务管理从繁杂走向高效，为企业的发展注入源源不断的动力。

第一节　流程再造：标准化与高效化的舞步

"双十一"让人再次感叹供应链效率的重要性。在直播间抢购热潮背后，企业的财务部门必须确保资金流、库存与销售数据实时匹配，才能从容应对井喷式订单增长。然而，中小企业往往在基础流程管理上捉襟见肘，甚至手工录入的错误就可能导致一系列混乱。

我曾帮助过一家区域餐饮连锁企业优化其报销与采购流程。当时，他们员工的报销单据经常丢失，采购也因为审批环节烦琐导致食材供应不及时。通过梳理流程，我们将报销与采购标准化：报销设置统一模板，配合在线审批工具；采购则优化为固定供应商直采，减少人工干预。这些简单的调整，让财务和业务协同效率提高了30%以上。

在转型的道路上，优化和标准化流程是中小企业迈向高效管理的第一步。通过流程再造，不仅能降低操作成本，还能让企业的管理更加透明和精准。

在中小企业的管理舞台上，流程再造无疑是一支至关重要的舞蹈，它关乎着企业资源的最大化利用和整体效率的提升。面对有限的资源，中小企业如何巧妙编排这支舞蹈，让每一个步骤都精准到位，是摆在每一位管理者面前的现实课题。如图5-1所示。

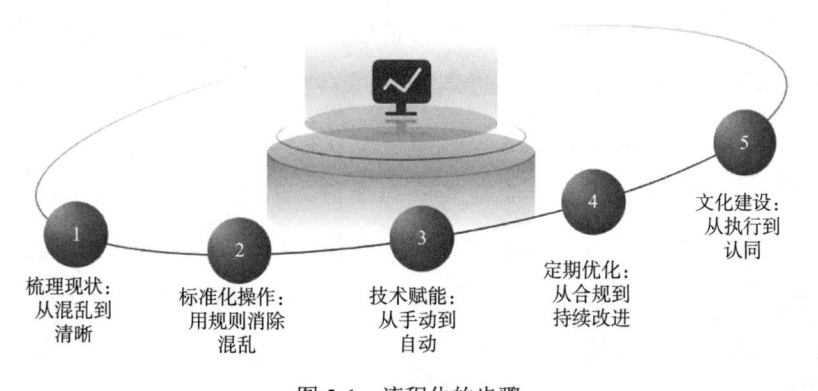

图5-1　流程化的步骤

1. 梳理现状：从混乱到清晰

在中小企业的财务流程中，手工操作繁多、职责分工模糊的问题常常让管理者头疼不已。这些乱象不仅导致了流程断点频发，还严重影响了工作效率。为了改变这一现状，企业首先需要做的，就是梳理现有的财务流程。

通过绘制详细的流程图，企业可以将当前的财务流程以图表化的形式直观呈现出来。这张图不仅要标注出每个环节的责任人和执行时间，还要清晰地展示出流程之间的逻辑关系。有了这张图，管理者就能一目了然地看到流程中的瓶颈和断点。

接下来，企业需要识别出流程中的瓶颈环节。这些瓶颈可能是报销审批的滞后，可能是对账周期的冗长，也可能是其他任何导致流程不畅的因素。通过深入分析这些瓶颈，企业可以找出问题的根源，为后续的优化工作奠定基础。

同时，与员工进行深入的沟通也是必不可少的。通过访谈，企业可以了解员工在操作过程中遇到的实际困难，以及他们对流程改进的看法和建议。这些来自一线的声音，往往能够为企业带来宝贵的改进思路。

2. 标准化操作：用规则消除混乱

"无规则，不成方圆。"在流程再造的过程中，标准化是消除混乱、提高操作准确性的有效途径。通过制定统一的规则，企业可以规范员工的行为，减少人为因素的干扰。

为了实现标准化操作，企业需要为报销、采购、预算等常用流程设计标准化的表单和模板。这些表单和模板不仅要格式统一、内容完整，还要易于填写和审核。通过推广使用这些标准化工具，企业可以确保操作的一致性，提高流程的效率。

此外，编写简洁明了的操作手册也是实现标准化的重要步骤。这份手册应该覆盖关键流程，详细阐述每个步骤的操作方法和注意事项。员工在遇到问题时，可以随时查阅手册，找到解决方案。这样，即使新员工入职，也能迅速上手，减少培训成本。

除表单、模板和操作手册外，企业还可以在系统中预设规则，实现自动化执行。比如，设定审批金额的上下限、权限范围等规则，系统就能自动根据这些规则进行审批和处理。这样不仅可以减少人为干预，还能够提高审批的准确性和效率。

3. 技术赋能：从手动到自动

在流程再造的过程中，技术的引入是提升效率的关键。单靠人力管理流程，不仅效率低下，还容易出错。而引入技术工具，则可以实现流程的自动化，让企业腾出更多精力专注于核心业务。

对于预算有限的中小企业来说，选择低成本、轻量化的技术工具是明智之举。比如电子报销系统、在线预算管理工具等，这些工具不仅价格实惠，而且易于上手，能够满足企业基本的财务管理需求。

随着企业的发展，逐步搭建集成化的数据平台也是必不可少的。这个平台应该能够整合财务、销售和采购等各个部门的数据，实现信息的共享和协同。通过避免信息孤岛的形成，企业可以更加高效地管理业务流程，提升整体运营效率。

此外，利用数据分析工具对流程进行监测和分析也是非常重要的。这些工具可以帮助企业发现流程中的潜在问题，比如审批时效过长、数据准确率不高等。通过数据分析，企业可以更加精准地定位问题，并采取相应的优化措施。

4. 定期优化：从合规到持续改进

流程再造并不是一劳永逸的事情，而是一个持续改进的过程。随着市场环境的变化和企业规模的扩大，现有的流程可能会逐渐变得不再适用。

因此，企业需要定期审查和优化流程，以确保其始终保持高效和合规。

为了评估流程的执行效果，企业需要设定一系列绩效指标，比如审批时效、数据准确率等。通过定期审查这些指标，企业可以了解流程的运行状况，并及时发现问题所在。

同时，建立流程使用者的反馈机制也是非常重要的。员工是流程的直接执行者，他们对流程的感受和建议往往能够为企业带来宝贵的改进方向。因此，企业应该鼓励员工积极提出反馈和建议，并将其作为流程优化的重要参考。

在优化流程时，企业可以采取试点与迭代的方式。先在小范围内测试新流程，验证其效果后再向全公司推广。这样不仅可以降低风险，还能确保新流程的可行性和有效性。

5. 文化建设：从执行到认同

即使流程设计得再完美，如果员工执行不到位，也难以发挥应有的效果。因此，在流程再造的过程中，塑造良好的企业文化是至关重要的。通过文化建设，企业可以让标准化和高效化深入人心，成为员工的自觉行动。

为了强化员工对新流程的理解和掌握，企业需要在流程上线前进行集中培训。通过培训，员工可以了解新流程的背景、目的和操作方法，为后续的执行奠定坚实基础。

同时，公开表彰积极参与流程优化的员工也是非常重要的。这种表彰不仅是对员工个人努力的肯定，更是对全体员工的激励和鞭策。通过表彰先进，企业可以营造一种积极向上的氛围，激发员工参与流程优化的热情。

最后，通过案例分享的方式，企业可以让员工更加直观地感受到高效流程带来的好处。这些案例可以是企业内部的成功经验，也可以是行业内的最佳实践。通过分享这些案例，企业可以让员工意识到高效流程对于个人和企业双赢的重要性，从而更加自觉地执行和优化流程。

案例链接

餐饮行业的流程再造与标准化管理的实践

一、案例背景：餐饮行业的管理困境与挑战

餐饮行业因其高频消费和低门槛的特点，吸引了众多创业者。然而，随着竞争加剧，餐饮企业不再单纯依赖菜品和服务取胜，流程管理的重要性逐渐凸显。尤其是连锁餐饮店，如果没有标准化、系统化的管理，运营效率低下、成本失控、顾客满意度下降等问题将严重影响企业发展。

案例中的这家餐饮企业（以下简称"案例企业"）是一家拥有10家连锁店的小型餐饮品牌，主要经营中式快餐。尽管菜品质量和味道深受消费者欢迎，但企业在发展中面临了如下困境。

1. 运营效率低

订单处理不流畅，后厨经常因出餐慢影响顾客体验。

2. 缺乏标准化流程

各门店的操作不统一，导致成本控制和服务质量参差不齐。

3. 库存管理混乱

采购和库存未能实现有效对接，食材浪费严重。

4. 财务与业务脱节

收银、成本核算和人力资源管理不够透明，导致管理层决策滞后。

为应对这些问题，案例企业决定引入流程再造和标准化管理，通过重新梳理业务流程，优化资源配置，提升整体运营效率。

二、问题分析：非标准化流程带来的困扰

通过详细调研，发现案例企业存在以下问题。

1. 业务流程不清晰

餐饮店的核心环节包括前厅接待、下单、后厨制作、出餐、结账等多个步骤。在实际操作中，各门店的流程随意性较大，甚至不同门店的后厨制作标准也有所不同，导致出品速度和质量无法保证。

2. 信息传递效率低

顾客下单后，前厅与后厨之间的沟通主要依靠纸质小票，订单遗漏和信息错误的情况频繁发生。这种低效的信息传递方式严重影响了服务效率。

3. 人员管理混乱

员工职责不明、培训缺失和绩效考核制度不健全，导致团队协作能力差，员工流失率高。

4. 食材浪费和成本失控

由于库存管理不到位，各门店经常出现食材积压或短缺的情况，食材过期和浪费问题突出。此外，缺乏对餐品制作成本的精细化核算，门店之间的毛利率差异较大。

三、解决方案：流程再造与标准化管理的实施

为了彻底改善管理现状，案例企业以标准化为核心，对餐饮流程进行了全面再造。以下是实施步骤。

1. 梳理并重塑餐饮业务流程

案例企业依据餐饮行业最佳实践，设计了一套适用于连锁门店的标准化流程，涵盖从顾客点餐到菜品出品的所有环节。具体如下。

第五章 流程革命：自动化与优化的双重奏

（1）前厅接待

使用自助点餐系统（POS机或手机扫码），顾客可自行下单，前厅服务员从简单接单转为引导和服务。

（2）后厨制作

后厨按订单顺序接收系统指令，确保出品的时效性和一致性。同时引入菜品制作标准化SOP（标准作业程序），明确每道菜的配料、用量、时间和步骤。

（3）出餐与配送

设置标准的出餐时间，并在出餐口增加复核人员，确保顾客拿到正确的订单。

2.引入信息化管理工具

通过流程再造，案例企业引入了一套餐饮管理软件（如客如云、美团餐饮管理系统），实现业务和财务数据的互联互通。

（1）订单实时传输

前厅的点餐信息通过系统实时传输到后厨，减少了人工沟通环节。

（2）库存管理优化

门店每天的食材使用量和库存情况自动同步到系统，采购部根据库存数据科学安排采购，避免了食材浪费。

（3）数据分析支持决策

系统自动生成销售报表、成本核算报表等，为管理层提供实时数据支持。

3.建立标准化管理体系

为了让每家门店都能按照相同的标准运营，企业制定了一套覆盖各环节的标准化管理文件。

（1）操作手册

详细规定前厅服务流程、后厨操作规范及清洁卫生标准。

（2）培训制度

对所有员工进行标准化流程的培训，尤其针对后厨人员，确保所有菜品按照统一标准制作。

（3）绩效考核

以各门店的营业额、成本控制、顾客满意度等指标为依据，制定科学的绩效考核制度。

4. 优化人员配置与激励机制

根据门店实际运营需求，调整人员结构，明确岗位职责。同时通过奖金激励制度，提高员工的积极性和责任感。例如，前厅员工：考核客户满意度、点单准确率；后厨员工：考核出餐时间、菜品质量达标率；店长：考核营业额、毛利率和员工流失率。

四、实施效果：流程再造带来的显著收益

经过三个月的试运行，案例企业的标准化流程再造取得了显著效果。

1. 运营效率提升

引入自助点餐系统后，顾客点餐时间减少了30%，后厨响应速度提升了20%。订单错误率降低了80%，出餐时间平均缩短了5分钟。

2. 顾客满意度提高

标准化流程使得菜品质量更加稳定，顾客对服务的一致性和菜品的满意度显著提高。门店的好评率从原来的75%提升到了90%。

3. 成本控制效果显著

借助库存管理系统，各门店的食材损耗率降低了15%。同时，通过优化采购流程，企业的采购成本减少了约10%。

4. 员工管理更加高效

绩效考核制度的引入激发了员工的工作积极性，员工流失率从原来的15%下降到8%。员工之间的协作能力显著增强。

5. 管理决策更加科学

数据化管理为企业高层提供了更全面的经营数据支持，管理者可以快速发现问题并调整经营策略。比如，通过数据分析发现某些门店的成本率偏高后，及时采取措施进行了纠偏。

五、启示与总结：流程再造的关键成功要素

案例企业通过流程再造和标准化管理，成功解决了连锁餐饮店面临的效率低下和管理混乱的问题，为其在激烈的市场竞争中赢得了先机。以下是本案例的一些关键启示。

1. 流程优化是提升效率的核心

通过明确的流程设计和标准化操作，各环节的效率和协同性显著提高，降低了沟通和执行成本。

2. 信息化工具是现代餐饮管理的必需品

信息化工具不仅能够提升运营效率，还能通过数据分析帮助企业优化成本结构和提高决策质量。

3. 标准化和个性化的平衡

虽然标准化能够显著提升管理效率，但餐饮企业仍需根据顾客需求，在菜品和服务方面保留一定的灵活性和个性化空间。

4. 员工管理和激励至关重要

激励机制的设计和员工的积极参与，是推动标准化流程落地的关键。

> 流程再造不仅是一次技术和管理的升级，更是一场组织文化的深刻变革。餐饮企业要想实现持续发展，必须将标准化管理作为核心竞争力加以构建和优化。

第二节　自动驾驶：机器人流程自动化引领的财务自动化浪潮

2024年，我的一位经营小型电商公司的朋友决定引入RPA系统，用于处理他们的订单对账工作。起初他有些犹豫，认为这听起来像"大企业的玩法"。但在体验了一个月后，他兴奋地告诉我，这项技术让他们每月节省了约200个小时的人力，员工不再被重复的手动操作"绑住"，可以集中精力优化客户体验。

类似的情况，我也曾在客户项目中见到过。一家制造企业在每月的税务申报时，财务人员需要手动汇总多个子公司的报表，既耗时又容易出错。我们为其设计了一套基于RPA的自动化解决方案：机器人能够自动从ERP系统中提取数据、汇总生成报表，并进行初步校验。系统上线后，报表生成时间从过去的三天缩短至半天，申报错误率也降至接近零。

对中小企业来说，RPA并不是遥不可及的技术。像开源工具UiPath，甚至微软的Power Automate，都可以帮助企业以较低成本实现初步的财务自动化。自动化不仅节省时间，还能极大地提升数据准确性和决策支持能力，让企业更加游刃有余地应对市场变化。

在数字化转型的汹涌浪潮中，RPA如同一股清新的风，正悄然改变着财务管理的传统格局。对于众多中小企业而言，这项技术不再是遥不可及的"大企业专属",而是成了能够快速提升工作效率和准确性的得力助手。如图5-2所示。

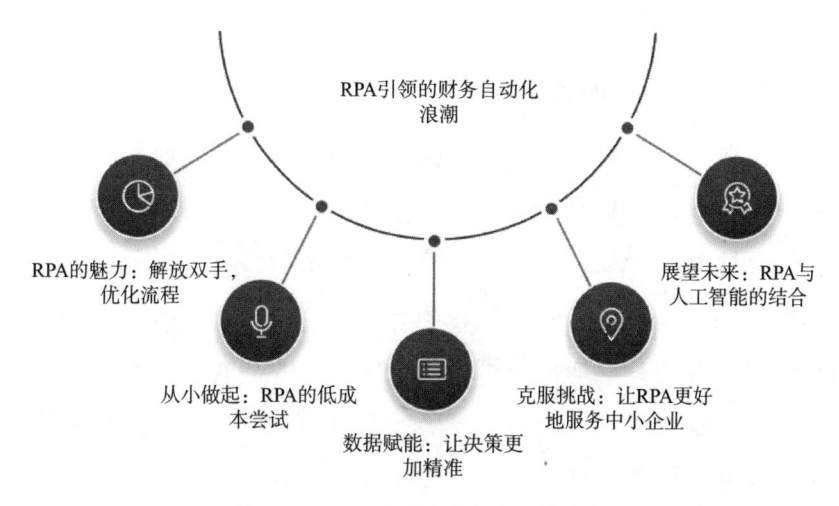

图5-2 RPA引领的财务自动化浪潮

1. RPA的魅力：解放双手，优化流程

传统的财务流程，总是被大量重复性、机械性的操作所充斥。数据录入、对账核算、报表生成等，这些看似简单的任务，实则耗费了财务人员大量的时间和精力，而且稍有不慎就可能因操作疏忽而引发错误。RPA的出现，就像是为财务人员量身定制的"解放神器"。

RPA通过精准地模拟人类在系统中的操作，将这些烦琐的任务一一自动化，让财务人员得以从枯燥的事务中解脱出来，专注于更具价值的工作。想象一下，当订单对账、发票处理、报销管理等琐碎工作都被RPA接手后，财务人员的工作效率和准确性将会得到怎样的提升？

以订单对账为例，RPA能够自动从各个电商平台下载订单数据，与支付记录进行一一核对，迅速生成对账报告。而在发票处理方面，RPA则能自动扫描和识别发票内容，准确无误地录入财务系统，并完成税务校验。在报销管理上，RPA更是大显身手，它能从员工提交的电子报销单中提取关键数据，与预算进行细致比对后自动完成审核。这一系列操作，不仅大大减轻了财务人员的工作负担，更显著提升了财务流程的效率和准确性。

2. 从小做起：RPA 的低成本尝试

或许在很多人眼中，RPA 技术显得"高大上"，难以企及。但实际上，它的门槛并没有想象中那么高。对于中小企业而言，完全可以从低成本甚至免费的工具入手，逐步感受 RPA 带来的改变。

UiPath 的开源版本就是一个不错的选择，它适合初学者快速上手，设计简单的自动化流程。而微软推出的 Power Automate，则是一款低代码工具，与 Office 365 紧密集成，能够轻松处理与 Excel、Outlook 等相关的自动化任务。此外，Automation Anywhere 也提供了多种模块化解决方案，易于适配企业的具体需求。

在实施 RPA 时，中小企业可以遵循一些实用的建议。首先，锁定那些高频、重复且规则明确的工作进行自动化，这样能够快速见到成效。其次，不妨从单一流程开始测试自动化效果，比如生成报表或对账，逐步积累经验后再扩展到更复杂的环节。最后，别忘了为财务团队提供基本的 RPA 使用培训，确保技术落地的顺利实施。

3. 数据赋能：让决策更加精准

RPA 的魔力远不止于提升效率，它还能为企业的数据管理和分析带来质的飞跃。通过自动化流程收集和整理的数据，能够直接支持企业的财务决策。

想象一下，RPA 实时更新着关键指标，如现金流、应收账款周期等，让企业时刻掌握着财务的健康状况。通过自动化校验和对比，RPA 能够及时发现异常交易或潜在风险，有效避免财务漏洞的出现。更值得一提的是，RPA 提供的数据具有高质量和实时性，为企业的预测能力提供了坚实支撑。无论是未来的资金需求还是成本控制效果，都能通过 RPA 提供的数据得到更可靠的预测。

4. 克服挑战：让 RPA 更好地服务中小企业

当然，RPA 的实施并非一帆风顺，中小企业在享受其带来的优势时，也可能面临一些挑战。但只要我们正视这些挑战，并积极寻求解决办法，就能让 RPA 更好地服务于企业。

初期适配困难是一个常见的问题，部分旧系统可能不支持与 RPA 直接对接。这时，我们可以选择支持屏幕录制和模拟点击的 RPA 工具，通过灵活的方式实现自动化。同时，流程设计的不完善也可能影响自动化效果。因此，在实施 RPA 前，我们需要进行详细的需求分析和流程优化，确保自动化流程的高效运行。

此外，员工抗拒也是一个不容忽视的问题。一些员工可能担心 RPA 会取代自己的工作，从而产生抵触情绪。面对这种情况，企业应通过积极的沟通和培训，让员工认识到 RPA 并非威胁，而是帮助他们提升工作效率和质量的得力助手。

5. 展望未来：RPA 与人工智能的结合

随着人工智能技术的飞速发展，RPA 正逐步迈向智能化。未来的自动化解决方案，将不再局限于完成简单的机械操作，而是能够胜任复杂的分析和决策任务。

我们可以预见，未来的 RPA 将支持智能对话功能，与人工智能紧密结合。财务人员只需通过语音指令或自然语言交互，就能轻松下达报表生成等任务。同时，RPA 还将具备动态学习能力，能够根据历史数据不断优化流程，适应企业不断变化的业务需求。更令人兴奋的是，RPA 将进一步整合到企业的 ERP、CRM 和其他核心系统中，实现无缝的数字化协同。届时，中小企业将真正迈入智能化、自动化的财务管理新时代。

第三节　移动办公：财务自由的新时代

如今，我们已经越来越习惯用手机处理工作事务。但你是否想过，移动办公同样可以为企业财务带来便利。

有一家客户公司的财务经理告诉我，以前每次离开办公室都感觉"心神不宁"，因为报销单、发票处理和资金调度都得回到桌前才能完成。但后来公司上线了基于云端的财务系统，无论是在家还是在外地，她都能通过手机完成审批或查询，工作效率大幅提升。

我也有类似的经验。几年前，我指导一家初创科技企业搭建他们的移动财务体系。他们没有固定的办公室，依赖企业微信和钉钉处理日常事务，但财务工作却一度停滞不前，因为他们无法实现远程操作。于是，我们帮助他们选用了一个简单的软件运营服务（SaaS）工具，将发票管理、资金调度和预算审批全部搬到云端。最终，所有财务操作都能通过手机完成。比如，员工提交发票后，系统会自动将其归类并提醒审批人处理，大幅减少了财务人员的工作量。

移动办公并不只是"潮流"，更是财务管理转型的一部分。对于中小企业来说，只要选择合适的工具，设置清晰的权限和流程，就能实现随时随地的财务管理，大大提高工作效率，同时减少依赖固定空间和烦琐流程的束缚。

移动办公，这一新时代的办公模式，正以其独特的魅力改变着企业的财务管理方式。它不仅仅带来了便捷性，更是将企业财务管理从传统的"固定场景"中解放出来，推向了"随时随地"的新高度。对于资源有限、人员紧张的中小企业而言，移动办公无疑成了提高效率、优化流程的突破口，具体内容如图5-3所示。

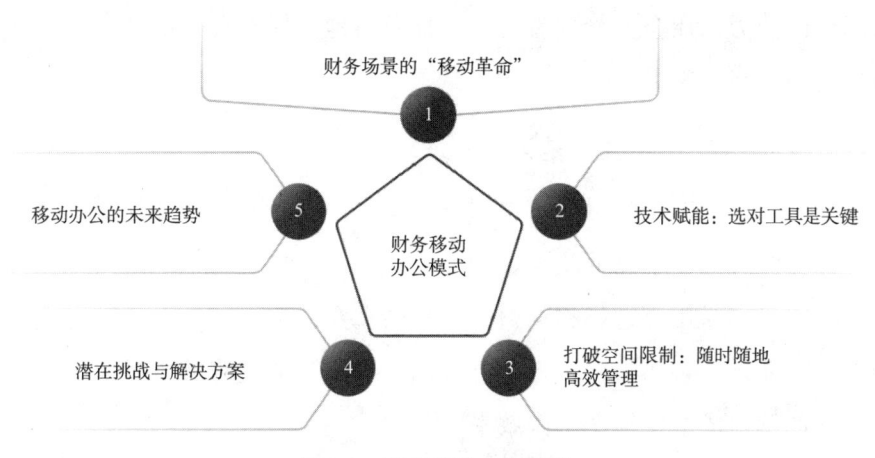

第五章　流程革命：自动化与优化的双重奏

图 5-3　财务移动办公模式

1. 财务场景的"移动革命"

随着企业办公场景的日益分散，财务工作的方式和地点也在悄然发生变化。移动财务工具，作为这一变革的推动者，已经逐渐成为企业财务管理的标配。在众多的高频场景中，移动财务工具展现出了其强大的实力。

审批流程，这一曾经让财务人员头疼的问题，在移动财务工具的助力下变得轻松自如。无论是预算审批还是报销单处理，移动端的实时提醒和操作功能让财务人员再也不用为"邮件堆积"而烦恼。只需轻轻一点，审批工作就能顺利完成，大大提高了工作效率。

费用管理，同样也在移动财务工具的帮助下迎来了新的变革。员工只需随手上传发票，系统就能自动识别发票内容并归档，大幅简化了报销流程。这种便捷性不仅让员工感受到了前所未有的轻松，也让财务部门的工作变得更加高效和准确。

数据查询，作为企业财务管理的重要环节，也在移动财务工具的加持下变得更加灵活。企业主或管理者只需通过手机，就能实时查看财务报表、现金流状况等重要数据，为决策提供了有力的支持。这种随时随地的数据访问能力，让企业管理者能够更加及时地掌握企业的财务状况，从而做出更加明智的决策。

2. 技术赋能：选对工具是关键

面对市场上琳琅满目的移动财务工具，中小企业如何才能选到最合适的产品呢？关键在于以下几点。

（1）简洁易用是选择移动财务工具的重要标准

员工无须复杂培训即可上手，界面友好、功能直观的工具能够大大降低员工的学习成本，提高工作效率。

（2）多端支持也是不可忽视的因素

手机、平板、电脑等多设备无缝衔接，确保数据的一致性，让员工无论在哪个设备上都能轻松处理工作。

（3）安全保障是选择移动财务工具时必须考虑的因素

财务数据高度敏感，选择支持数据加密和权限管理的工具，能够有效保护企业的财务安全。

（4）集成能力也是选择移动财务工具时需要考虑的重要因素

优先选择能与企业现有系统（如ERP、CRM）整合的解决方案，能够避免信息孤岛的出现，实现数据的互联互通。

在市场上众多的移动财务工具中，钉钉财务模块、金蝶云·星空、Zoho Books等都是不错的选择。它们各自具有独特的优势，能够满足不同企业的需求。

3. 打破空间限制：随时随地高效管理

移动财务不仅提升了效率，更打破了时间和空间的限制，让财务管理变得更加灵活和高效。

在远程协作方面，财务人员和业务部门可以通过移动平台实时沟通，减少信息延迟。无论身处何地，都能轻松处理工作事务，确保企业运转的流畅性。

在紧急处理方面，移动财务工具也展现出了其强大的应急能力。关键审批流程即使在管理者出差时也不会被耽搁，确保企业能够迅速应对各种突发情况。

此外，数据共享也是移动财务工具带来的重要变革。跨部门或异地团队可以通过云端财务系统共享实时数据，统一视角，提高决策效率。这种数据共享的方式，不仅让团队成员之间能够更加紧密地协作，也让企业管理者能够更加全面地了解企业的财务状况。

4. 潜在挑战与解决方案

尽管移动办公为财务管理带来了诸多便利，但也伴随着一些挑战。然而，只要我们正视这些挑战并积极寻求解决方案，就能够让移动财务工具更好地服务于企业。

数据安全问题一直是移动办公中备受关注的问题。移动设备的易失性和网络环境的复杂性让财务数据面临泄露风险。为了解决这个问题，我们可以选择支持端到端加密、强制双因子验证的工具，并定期进行更新等安全策略，确保财务数据的安全。

工具使用习惯的培养也是移动办公中需要面对的挑战之一。部分员工可能不适应从传统操作切换到移动平台。为了解决这个问题，我们可以提供简明的操作培训，安排专人解答疑问，同时通过绩效奖励激励员工使用移动财务工具。

此外，管理复杂性增加也是移动办公中需要关注的问题。权限管理、流程设计可能在初期引发混乱。为了解决这个问题，我们可以从简单的应用场景（如报销）逐步扩展，确保系统设计和流程相辅相成，降低管理复杂性。

5.移动办公的未来趋势

随着 5G 技术的普及和人工智能的深入应用,移动财务管理正在向更加智能化和无缝化发展。

智能语音助手将成为未来移动财务工具的重要特征之一。通过语音直接生成报表、查询数据或提交审批请求,将进一步简化操作,提高工作效率。这种智能化的交互方式,将让财务人员能够更加轻松地处理工作事务。

实时分析功能也将成为未来移动财务工具的重要发展方向。结合大数据和人工智能算法,移动端即可完成财务趋势预测与风险预警,为企业管理者提供更加及时、准确的财务决策支持。这种实时分析的能力,将让企业管理者能够更加精准地把握企业的财务状况和发展趋势。

此外,一站式集成平台也将是未来移动财务工具的发展趋势之一。未来的移动财务工具将更加开放,与企业的各类管理系统实现深度集成,打造"一体化"管理体验。这种集成化的管理方式,将让企业管理者能够更加全面地了解企业的运营状况,实现更加高效、精准的管理。

案例链接

畅捷通 T+ 专属云助力企业开启移动办公新时代

一、案例背景:企业数字化升级的迫切需求

在现代商业环境中,随着企业规模的不断扩大和业务流程的日益复杂,传统的办公模式和管理方式已无法满足企业高效运营的需求。特别是在财务管理和业务协同方面,许多企业面临如下问题。

1. 信息更新滞后

各部门之间的信息流转主要依靠线下沟通，数据共享效率低，导致决策依据滞后。

2. 流程烦琐

销售、采购、财务等部门的信息未能打通，各部门独立运行，流程缺乏协同性。

3. 缺乏实时数据支持

经营者难以实时掌握关键数据（如订单、库存和客户应收账款等），使得决策滞后，企业响应市场的速度较慢。

以上这些问题不仅影响了企业的运营效率，还在无形中增加了运营成本，尤其对于成长型企业而言，这种管理瓶颈尤为明显。

本文分析的这家公司（以下称为案例企业）便是一个典型代表。作为一家快速成长的制造型企业，公司业务涵盖销售、采购、库存管理等多个环节，在日常运营中遭遇了上述问题。在财务管理方面，企业管理者迫切希望实现从传统管理模式向数字化、移动化办公的转型。

二、问题分析：传统办公模式的制约

案例企业在转型前存在以下几个主要问题。

1. 数据孤岛现象严重

各部门的数据相互割裂，销售部门无法实时查看库存情况，采购部门难以及时了解订单状态，财务部门无法快速更新客户欠款信息。由于数据更新不及时，部门之间的协同效率较低，业务执行出现频繁的延迟。

2. 手工操作导致错误频发

企业在订单处理、库存管理和应收账款核对等环节，仍依赖传统的手工操作，导致数据出错率较高。比如，销售部门的订单执行情况需要财务人员手动记录后传递给采购部门，过程中常因信息不一致而导致错误。

3. 缺乏实时经营数据支持

企业管理者无法实时掌握经营数据，尤其是在决策过程中，缺乏有关库存现状、客户信用状况和资金流动等关键数据的支持，导致决策效率低下，错失市场机会。

4. 远程办公受限

随着业务的不断扩展，企业员工的办公场景越来越灵活，但传统的系统仅支持本地访问，无法满足员工在外出期间查看和处理业务的需求。

为解决以上问题，案例企业决定引入畅捷通T+专属云标准版，并通过移动端应用实现业务和财务的全面协同，从而实现管理效率的全面提升。

三、解决方案：**畅捷通T+专属云的落地实施**

案例企业在导入畅捷通T+专属云标准版后，全面升级了业务管理和财务管理体系，特别是通过移动办公解决了许多长期困扰的问题。

1. 数据实时更新，实现全员共享

畅捷通T+专属云将企业的各个部门通过云端连接在一起，实现了数据的实时更新和共享。无论是高管、销售人员、采购人员还是库房人员，都可以通过手机端实时查看订单执行状态、库存存量和客户欠款信息。

（1）销售部门

销售人员可以在拜访客户时，实时查询库存情况，避免因信息滞后而影响订单签订。

（2）采购部门

采购人员可以及时获取销售订单数据，并根据实时库存状况灵活调整采购计划。

（3）财务部门

财务人员能实时掌握客户应收账款信息，并通过系统设置的信用额度提醒功能，有效降低回款风险。

2. 简化业务流程，提高协同效率

畅捷通T+通过打通销售、采购、库存和财务之间的业务流程，实现了业务闭环管理。比如，销售人员提交订单后，采购部门和库房可以即时收到通知，无须额外的人工操作。库房完成发货后，系统自动生成相关数据，财务部门同步更新应收账款信息，减少了人为干预。

3. 实时数据支持，提升管理决策能力

畅捷通T+的移动端应用让企业管理者可以随时随地掌握关键数据，为经营决策提供了强有力的支持。案例企业的管理者提到，以前需要几个小时甚至几天才能汇总的数据，现在只需打开手机，就可以实时获取以下内容。

a. 每日的销售收入和订单完成情况。

b. 库存存量和进销存变化。

c. 各客户的欠款金额和信用状况。

实时数据的可视化展示帮助管理者更加敏捷地调整经营策略。比如及时增加热销产品的采购量或对信用额度偏高的客户采取跟进措施。

4. 支持移动办公，提高工作灵活性

畅捷通T+移动端应用彻底改变了员工的工作方式。销售人员在外拜访客户时，可以通过手机完成从订单签订到客户信息录入的全流程操作；管理者即使身处异地，也可以随时审批业务单据，掌握企业运营动态。这种随时随地的办公模式显著提升了企业的运营效率和响应速度。

四、实施效果：显著的效率和效益提升

经过一段时间的系统运行，案例企业取得了以下显著成效。

1. 运营效率大幅提升

数据实时更新和部门协同的实现，使订单处理时间缩短了50%以上，库存周转率提高了20%，客户满意度也显著提升。

2. 财务管理更加精准

借助畅捷通T+的应收账款管理功能，企业显著降低了回款风险，客户欠款率减少了15%。此外，财务数据的自动化更新提高了数据的准确性和核对效率。

3. 灵活办公增强员工工作效率

移动办公模式让销售和管理人员能够更加灵活地开展工作。比如，销售人员可以在客户面前快速完成订单确认，而无须返回办公室进行处理，这大幅提升了客户体验。

4. 管理决策更加科学

企业管理者可以通过手机端获取实时数据，从而快速、准确地调整经营策略。在某次市场波动中，管理者通过库存和销售数据的实时分析，及时调整了采购计划，成功避免了过剩库存的积压。

五、启示与总结

通过畅捷通T+专属云的引入，案例企业实现了从传统管理模式向移动化、数字化办公的成功转型，为企业带来了显著的效率提升和财务优化。以下是这一案例的启示。

1. 数字化是企业转型的必由之路

在现代商业环境中，数据的实时共享和跨部门协作已经成为提升企业竞争力的重要手段。通过数字化工具的引入，企业可以显著优化资源配置，提高整体效率。

2. 移动办公是未来的趋势

企业不再局限于传统的固定办公模式，移动办公为企业提供了更大的灵活性和响应能力，使得员工和管理者能够随时随地高效工作。

3. 财务与业务的一体化管理是核心

财务管理与业务管理的融合，能够帮助企业更精准地掌控资金流和业务流，支持科学决策。

本案例充分证明，畅捷通T+专属云不仅是一个工具，更是企业实现现代化管理的重要战略支撑，值得更多成长型企业借鉴和推广。

第六章　智能引擎：财务决策的智慧升级

"谁掌握了数据，谁就掌握了未来。"微软公司前总裁史蒂夫·鲍尔默的这句话，深刻揭示了在数字化浪潮下，数据驱动的力量。对于企业来说，财务部门不仅是数字的记录者，更是决策的导航者。而这一角色的转变，需要以智能技术为引擎，为企业的财务管理插上智慧的翅膀，让决策不再依赖直觉，而是基于数据、洞察与预测的精准支持。

随着大数据和人工智能的迅猛发展，财务管理正在进入一个崭新的智能化时代。大数据技术能够从海量数据中挖掘出隐藏的价值，为企业提供深刻的业务洞察；人工智能则通过算法学习，为决策提供实时、高效的支持。从成本控制到利润预测，从资源分配到风险评估，智能技术让财务管理从"事后反应"转向"事前预见"，做到事前预见，事中监控，事后复盘，为企业赢得先机。

此外，智能化的财务工具还让未来的预测更加精准。通过建立模型，企业可以模拟不同场景下的财务表现，从而为战略制定提供科学依据。这种能力在市场不确定性加剧的今天显得尤为重要。智能预警系统还能够实时监控关键指标，及时发现潜在问题，为企业搭建一道牢固的"安全屏障"。

正如达尔文所言："能够生存下来的物种，不是最强壮的，而是最能适应变化的。"财务智能化的升级，不仅是技术的革新，更是企业适应时代变化的必然之路。本章将帮助读者了解如何借助大数据、人工智能、ChatGPT、预测模型和预警系统，将财务从简单的记录者转变为企业决策的智能引擎，驱动企业迈向更智慧的未来。

第六章 智能引擎：财务决策的智慧升级

第一节 数据驱动：大数据与人工智能的财务新视野

几年前，一家中型零售企业找到我，向我诉苦说，他们的库存经常积压或短缺，导致资金周转困难。财务团队每天忙于分析销售和采购数据，却始终摸不清规律。通过深入了解，我发现他们的问题在于数据的分散和处理方式的落后：数据存储在不同的部门和系统中，没有整合分析的能力。

如今，大数据技术和人工智能正逐渐普及，这些问题早已有了更高效的解决办法。像我之前服务的一家客户，通过引入 Power BI 和简单的人工智能算法，将销售、库存和财务数据汇集到一个平台进行分析。结果发现，某些产品在季节交替时需求波动很大，过去库存积压的原因正是缺乏对这一趋势的认知。整合后的数据分析不仅帮他们优化了采购计划，还显著提高了资金利用效率。

对于中小企业来说，大数据和人工智能听上去像"高精尖"技术，但其实应用起来并不复杂。通过选择合适的工具和平台，如 Excel 的动态数据透视表、开源的 Python 库甚至第三方服务，企业也能初步实现数据驱动的管理方式。这不仅能提升财务工作效率，还能为企业决策提供更科学的依据，真正让数据成为企业发展的"指南针"。

现如今，随着经济环境的不确定性增加和数智化浪潮的加速，越来越多的中小企业开始感受到财务转型的迫切需求。财务不再仅仅是"记账"和"报税"的代名词，而是企业优化资源配置、控制成本、降低风险的重要工具。以下几点，或许能帮助中小企业财务人员更清楚地理解转型的意义，并找到属于自己的方向。

1. 从成本中心到价值中心的角色转变

过去，财务部门常常被视为企业的"成本中心"，主要负责监督支出、编制报表等基础工作。然而，随着市场竞争日益激烈，中小企业必须充分挖掘财务部门的潜力，将其转变为能够推动业务增长的"价值中心"。财务人员成了企业的"价值整合者"。

那么，什么样的人员才称得上是"价值整合者"呢？我们从两个维度来考察财务人员——财务效率和业务洞察力。不难发现，如果一个财务人员的业务洞察力和财务效率都低的话，那他就仅仅是一个普通的记录员，在企业中发挥不了太大的价值；如果一个财务人员虽然业务洞察力很低，但是财务效率很高，那他也算得上是一个训练有素的操作员，这也是大多数财务人员当下的现状；如果反过来，一个财务人员的财务效率低而业务洞察力高，那也可以作为一个能力有限的顾问存在；最可遇不可求的是财务效率和业务洞察力都很高的人员，这类人员，可以叫他们"价值整合者"：一方面，他们很容易就能看出一个企业的财务问题所在，并给出财务证据；另一方面，他们也能听得懂领导的方案，能很高效地将这些方案推动落地，具体内容如图6-1所示。

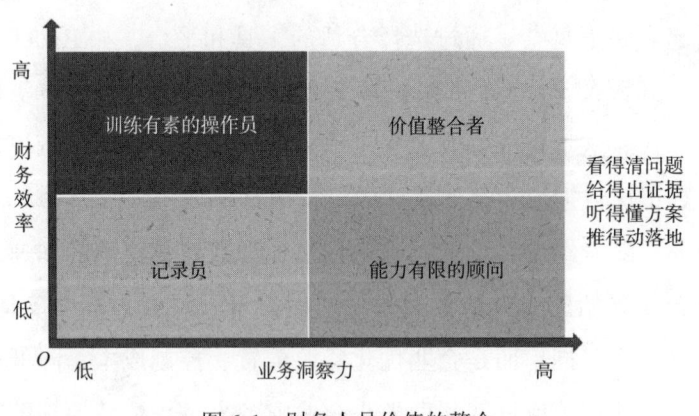

图6-1　财务人员价值的整合

2.应对政策和市场变化的双重压力

中小企业财务人员普遍面临两大压力：政策复杂化和市场变化快。以

2025年的税收政策调整为例，不少企业因为缺乏专业支持而在享受优惠时"步步维艰"。市场方面，不断变化的消费者需求和供需波动，也让企业的资金链随时面临挑战。

在这种情况下，财务转型的必要性凸显出来。通过引入数字化工具，企业能够更加高效地处理税务申报、政策分析和预算编制；同时，通过敏捷的财务管理体系，财务人员可以实时监控企业的现金流和经营数据，为企业提供更快速的决策支持。

3. 现金流管理的核心地位

许多中小企业倒闭的原因，不是因为"赚得少"，而是因为"钱断了"。现金流就像企业的"生命线"，没有流动性，企业无法正常运转。然而，传统的财务管理模式常常只关注"结果"，比如利润率，而忽略了对"过程"的把控，尤其是现金流的动态监控和管理。

通过财务转型，企业可以引入实时现金流管理系统，对每一笔收支实现数字化跟踪。比如，有些企业使用简单的云端财务软件，设置收付款提醒功能，避免账期拖延带来的资金压力。优化现金流管理，不仅能帮助企业活下来，还能让企业有更多的资源进行扩张和创新。

4. 数字化转型的窗口期不可错过

"数字化"是现如今最火的词汇之一，但对中小企业来说，这不仅是一个选择，更是一个机会窗口。2024年，国家和地方纷纷出台针对中小企业的数字化转型补贴政策，如设备购置补贴、软件采购优惠等。这是一个低成本迈向财务数字化的绝佳机会。

中小企业可以从基础着手，比如升级会计软件、使用SaaS财务管理工具，甚至尝试一些免费的开源平台。这些工具不仅降低了工作复杂度，还为企业提供了数据分析、风险预警等高级功能。错过这个窗口期，企业可能会在未来的竞争中因落后而难以生存。

5. 提高团队专业化水平的迫切需求

财务转型不仅仅是技术升级，团队能力的提升同样重要。传统的财务工作可能只需要会记账、懂报表，而现代财务管理则需要具备更强的商业敏感度和数据分析能力。比如，许多企业开始为财务人员提供 Excel 高阶应用、大数据分析基础和税务申报相关课程，让团队更加专业化。此外，通过灵活的外包合作模式（如税务代理、财务咨询），企业也能以较低成本获得高质量的专业支持，为财务转型提供助力。

另一方面，财务人员的转型还体现在认知的提升上，以大家都非常熟悉的财务报表为例，如果仅仅将它作为一个表格来看，那就太粗陋了。财务人员一定要认识到，财务报表不仅是企业财务状况的快照，更是企业战略管理的重要参考，财务团队要深刻理解财报所代表的"五边形"能力——营运能力、盈利能力、成长能力（即增长能力）、偿债能力及隐含的现金流管理能力，如图 6-2 所示。

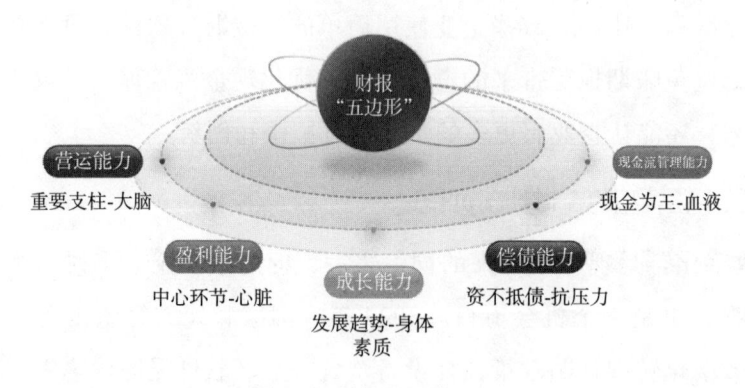

图 6-2 财报"五边形"

如果我们将财报比作一个人的话，那么，营运能力相当于人体中的大脑，是重要支柱，当一个财报无法提示企业的营运能力，就相当于人体失去大脑，也就没有了最重要的支柱；盈利能力则相当于人体的心脏，一般来说，盈利能力是企业领导最关心的问题，也是财报的中心环节；成长能力则类似于人体的身体素质，体现的是一个企业的发展趋势；偿债能力像是人体的抗压力，若一个财报中体现的企业的偿债能力越高，则相当于这个企业的抗压能力越强；现金流相当于人体的血液，只有充足的现金流，企业才能很好地活下去。

第二节　模型预测：财务未来的精准导航

一位老朋友经营一家家族企业，向我抱怨说市场环境变得越来越难预测。他们在 2024 年投入大笔资金扩产，结果市场需求没有如预期增长，企业被迫背上了巨大的资金压力。他问我："有没有什么工具可以帮我们看清未来的路？"

这其实是许多中小企业主的共同困惑。在不确定性增加的今天，财务模型预测已经成为企业不可或缺的决策工具。我曾经指导一家食品企业搭建销售预测模型，结合之前的销售数据、季节性变化和行业趋势，帮助他们更科学地进行预算编制。通过不断调整模型参数，该企业在春节旺季的供货量大幅提高，而在淡季则合理控制生产节奏，库存管理效率提升了 30% 以上。

在当下经济环境中，中小企业如同一艘艘小船，行驶在风浪不断的市场海洋里。面对未来不确定性，该如何未雨绸缪地制定决策呢？财务模型预测便是这艘船上的导航系统，帮助企业看清前路，避免触礁，具体内容如图 6-3 所示。

图 6-3　财务模型预测精准系统

1. 模型预测的定义与重要性

在数据驱动的世界里，预测模型是我们理解未来的一个关键工具。它不仅能帮助我们从过去的数据中挖掘出规律，还能基于这些规律，预测未来可能发生的趋势。对于企业来说，这就像是给经营决策装上了一双"慧眼"，让管理层在做决策时能看得更远、更准。

财务管理中，模型预测尤为重要。它可以帮助企业基于过去的业绩，结合当前的市场情况和未来的规划，作出更加科学、精准的财务预测。比如，通过建立一个财务预测模型，企业能够预测未来几个月或几年的收入、支出、利润等关键财务指标，帮助企业在面对市场不确定性时，能够有条不紊地进行规划与调整。

预测模型的核心价值在于它能够通过对大量历史数据的分析，去除盲目性，为企业决策提供数据支持。过去的经验和趋势并不总是能直接应用于未来，但通过模型的帮助，企业能够根据实际情况作出更符合未来发展的规划，从而减少风险，提升决策的精准度。

2. 财务模型预测的构建与应用

（1）构建步骤

构建一个有效的财务预测模型，并不是一蹴而就的，它需要经过系统的规划和逐步实施。

首先你得弄清楚模型要解决的是什么问题。每个企业的战略目标和所处的经济环境都不相同，因此构建模型的第一步就是确定模型的方向和背景。你需要理解企业的长远目标，当前面临的市场和竞争压力，以及行业内外的变化趋势。只有在这个背景下，模型才能发挥真正的作用。

在确定了模型的方向后，接下来的关键步骤是深入分析企业的历史数据。这意味着你要分析企业的历史财务数据，包括收入、成本、利润等，还要进一步了解企业的商业模式、成本结构及市场位置等因素。这些因素之间的关系会直接影响到未来的财务表现。因此，通过对这些数据进行剖析，找出它们的因果关系，是构建预测模型的基础。

当你掌握了历史数据和企业的战略规划后，就可以根据这些信息开始构建财务预测了。比如，通过历史数据的趋势，可以推测出未来几个月或几年的企业资产负债表、损益表和现金流量表。这些预测数据将成为企业未来财务决策的依据。

（2）构建要素

构建财务预测模型的第一步是对企业的历史绩效进行全面分析。这不仅仅是看过去几个月或几年的盈利情况，还要深入分析企业的偿债能力、运营效率等财务指标。通过横向（与同行比较）和纵向（与自己过去的表现比较）分析，能够帮助我们更全面地理解企业的财务状况和潜在问题。

基于企业的战略规划和外部环境变化，我们可以对未来的财务表现进行预测。这部分预测是模型的核心，它不仅考虑到历史数据的趋势，还要结合外部经济环境、行业变化及企业内部政策等多重因素。

（3）应用领域

a. 企业内部财务管理。财务预测模型在企业内部的应用最为广泛。通过构建这些模型，企业可以制定预算、评估项目可行性、进行风险管理等。比如，企业通过预算模型可以合理规划各部门和项目的资金分配，从而实现成本控制与资金优化。

b. 外部投资分析。财务预测模型不仅对企业内部有帮助，对外部投资者同样重要。投资者可以通过这些模型了解企业的未来财务表现，从而做出更加明智的投资决策。投资分析师也可以利用这些模型来评估企业的风险和回报，指导资金配置。

（4）具体应用

a. 资本预算模型，比如净现值（NPV）模型和内含报酬率（IRR）模型，广泛应用于评估投资项目的可行性。企业可以利用这些模型预测一个投资项目在未来的回报和风险，从而判断是否值得投资。

b.期权定价模型，比如布莱克-舒尔斯（Black-Scholes）模型，主要用于评估金融期权的价值。企业和投资者都可以利用这种模型来判断期权的市场价值，从而优化投资组合。

c.风险管理模型，比如在险价值（VaR）模型，可以帮助企业评估和管理财务风险。通过这些模型，企业能够预测未来可能面临的风险，并为应对这些风险做好准备。

d.现金流量模型，能够帮助企业预测未来的现金流入和流出情况。这是财务管理中的一个核心问题，尤其是对于资金链较为紧张的企业来说，能够预测现金流的变化趋势，这意味着能够更好地掌控资金运作，避免因现金流不足而导致的资金危机。

e.成本-收益模型，用于评估企业投资项目的经济效益。通过建立这个模型，企业能够判断一个投资是否具有足够的回报，是否值得进行资金投入。

f.财务比率模型，包括偿债能力比率、盈利能力比率、运营能力比率等，这些指标能够帮助企业全面评估自身的财务健康状况。通过这些比率，企业可以了解自己在行业中的竞争力，发现潜在的财务问题。

g.预算模型，预算模型在财务管理中发挥着重要作用。通过这个模型，企业可以合理分配各个部门和项目的预算，确保资金的高效利用，避免浪费和不必要的支出。

3.模型预测在财务未来导航中的作用

（1）提供前瞻性预测

财务预测模型最大的价值之一就是它能够为企业提供前瞻性的财务状况预测。简单来说，就是通过分析过去的数据和当前的经济环境，模型能够帮助企业预测未来的财务表现，比如收入、成本、利润等。这种预测帮助企业提前做好准备，无论是进行预算调整，还是在市场变化时及时作出反应。就像我们在航海时使用导航仪，财务预测模型为企业提供了方向和时间上的引导，确保企业能更从容地应对未来的挑战。

（2）辅助决策制定

企业决策常常需要面临复杂的投资选择、市场动向和财务风险等问题。通过财务预测模型，企业能够更准确地评估投资项目的可行性，预测金融期权的价值，并识别潜在的财务风险。这使得决策者能够有充分的数据支持，避免盲目决策，从而作出更明智、更科学的选择。比如，当企业在选择是否投资一个新项目时，财务模型可以帮助评估这个项目的内部收益率（IRR）和净现值（NPV），从而帮助决策者权衡利弊，做出最优决策。

（3）优化资源配置

企业的资源是有限的，如何有效分配这些资源以实现最大效益，是每个企业都在思考的问题。财务预测模型能够通过对未来财务状况的预测，帮助企业合理分配资金、人力和物力等资源。这不仅有助于提高资源利用效率，还能有效避免资源的浪费。举个例子，当企业预见到某些部门的资金需求会激增时，可以提前调整预算，确保资金的顺畅流动；又比如，企业通过财务模型分析，发现某些部门效率不高，可以重新调整资源配置，从而提升整体效益。

（4）提升风险管理能力

财务风险无时无刻不在企业运营中"潜伏"，而如何发现并有效管理这些风险，是企业能否长期稳健发展的关键。通过专门的风险管理模型，企业可以识别出潜在的财务风险，分析其可能的影响，并采取相应的措施来规避或减少损失。比如，使用VaR模型，企业能够评估在特定时间内，某一类资产可能面临的最大损失，并据此调整风险暴露，从而避免大规模损失的发生。此外，财务预测模型还能帮助企业实时监控关键财务指标，及时发现问题并进行调整。

4.实现精准财务导航的建议

（1）加强数据收集与分析

财务模型的准确性高度依赖于输入数据的质量。因此，企业首先要确保数据的准确性、完整性和及时性。只有确保这些数据没有遗漏，才可能得到可靠的预测结果。比如，企业要确保财务报表的准确性，及时收集市场动向、客户反馈及其他相关的宏观经济数据。此外，还需要强化数据分析的能力，保证数据处理和解读能够真实反映企业的现状和发展方向。

（2）优化模型算法

财务预测模型的精度和效率与所使用的算法密切相关。随着数学算法和统计方法的不断发展，企业可以不断更新和优化已有的预测模型。比如，通过引入更加先进的机器学习算法，模型可以更好地适应不确定性强的市场环境，精确度也会大大提高。不断探索新的算法和模型框架，不仅能提高预测结果的精度，还能使预测过程更高效。

（3）定期回顾与调整

市场环境和企业内部条件都在不断变化，静止不变的预测模型无法适应动态的经济形势。因此，企业必须定期对已有的财务预测模型进行回顾和调整，确保其符合企业当前的运营状态和未来发展需求。比如，当企业的战略方向发生变化时，预测模型需要根据新的战略调整相关参数；当市场出现重大波动时，也应对模型进行及时的修正。这种定期调整和回顾能够确保财务预测始终准确有效。

（4）培养专业人才

构建和运用财务预测模型不仅仅是技术层面的工作，还需要有一支专业的团队来支撑。企业应当重视财务团队的建设，尤其是在数据分析和模型应用方面。培训和引进人才能够提高团队成员的财务知识和数据分析能力，可以更好地发挥财务预测模型的作用。无论是从事财务数据分析的人员，还是决策层的管理者，具备财务模型的使用能力和理解能力，都是提升企业财务决策效率和精准度的关键。

第三节 实时预警：财务报告的"守夜人"

在一次财务咨询项目中，我接触到一家小型制造企业。他们因为忽视日常的财务风险管理，导致供应商长期欠款未清，直到对方破产才意识到问题的严重性。此时追回欠款已经为时已晚，对企业的经营造成了很大的打击。这让我深刻感受到，实时预警机制对企业财务安全的重要性。

事实上，实时预警并不一定需要复杂的系统支持。比如一些财务软件自带的预警功能，能够通过设置关键指标阈值，在资金余额低于某个值或应收账款超期时发出提醒。我还见过一些企业利用钉钉或企业微信，将财务预警信息自动发送到相关负责人的手机上，帮助企业第一时间采取行动，避免问题扩大化。

对于中小企业来说，实时预警不仅是风险管理的基础，更是一种提升管理精细化的工具。这种"财务守夜人"式的管理模式，不仅能让企业减少损失，还能增强管理层对企业运转的信心。

在竞争日益激烈的商业环境中，实时预警就像企业财务的一道安全锁，帮助企业及时发现潜在风险，防止问题扩大化。对于中小企业来说，这不仅是风险管理的必要工具，更是提升效率和信心的关键方式，具体内容如图6-4所示。

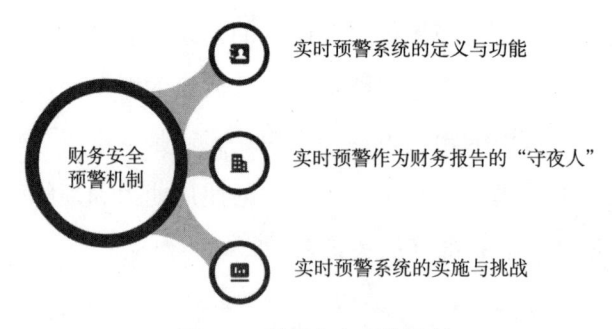

图 6-4　财务安全预警机制

1. 实时预警系统的定义与功能

在现代企业的财务管理中，数据量庞大且复杂，财务风险的防控变得尤为重要。实时预警系统作为企业财务管理中的一项核心技术工具，正逐渐成为不可或缺的一部分。它利用现代信息技术，对企业的财务报告数据进行持续的监控和智能化分析，及时发现潜在的财务问题、风险或违规行为。通过对财务数据、业务流程及相关法律法规的实时跟踪，实时预警系统能够在问题发生的早期阶段发出警报，帮助企业避免损失，保障财务报告的准确性与合规性，最终支持管理层做出更加精确的决策。

实时预警系统的核心功能在于实时性、智能化与自动化，它通过强大的数据处理能力和算法分析，能够在财务数据变动时即时识别异常，从而为企业的财务风险管理提供有效的工具。这不仅是对财务报告准确性的保障，更是对企业运营健康、法律合规等方面的多重防线。

2. 实时预警作为财务报告的"守夜人"

（1）实时监控与风险识别

实时预警系统的最大特点是其"24小时在线"的监控能力。无论是日常的财务报告，还是突发的财务变动，系统都能够实时进行数据采集、分析与监控。通过对财务数据的不断跟踪，系统能够在出现任何不符合预设规则或异常波动时，立即发出警报。

这种实时监控能力使得企业能够及时发现潜在的财务风险。比如，企业的某项成本突然增加，某一项目的收入突然下降，或者某个财务指标偏离了正常范围，系统会根据预设的算法规则自动识别出这些异常，并及时提醒财务人员或管理层。这种监控手段可以显著提高企业的风险识别能力，尤其是对于一些隐蔽的财务漏洞或欺诈行为，实时预警系统能够提前察觉，减少了人为检查的盲区和滞后性。

（2）提高财务报告质量

实时预警系统通过对财务报告中数据的持续审查，可以帮助企业及时发现报告中的错误或遗漏，进而提高财务报告的质量。这对于企业而言，意味着报告将更具透明度，数据更为准确，能有效提升外部利益相关者对企业的信任度。比如，投资者会更有信心，愿意为企业提供资金支持；监管机构则能看到企业在合规性方面的严格把控，减少因报告失误导致的法律风险。

系统通过数据异常检测，能够自动校对报表的各项数据，避免手工操作中的疏漏，降低人为失误的发生概率。通过实时更新和数据比对，系统还可以跟踪数据的变化趋势，帮助企业预警报告中的潜在问题，如数据的不一致性、虚报收入等，从而保证财务报告的真实可信。

此外，实时预警系统还能提供财务数据的可视化展示，帮助管理层直观地看到报告中的潜在问题，使得问题可以在最短的时间内被发现并修正，从而进一步提高财务报告的整体质量。

（3）合规性保障

随着全球经济环境的变化和法规的不断更新，企业面临的合规压力也越来越大。实时预警系统的一个重要功能，就是能够帮助企业确保财务报告的合规性。通过对相关法律法规的持续监控与分析，系统能够实时提醒企业哪些财务操作可能违反法规，哪些报告需要调整或更新，哪些行为可能带来法律风险。

比如，在某些国家或地区，企业可能需要遵守复杂的财税法规，实时预警系统可以帮助企业及时调整财务操作，确保其财务报告符合税务要求和财务审计标准，避免因未能遵守法律法规而导致的罚款、诉讼等不利后果。

此外，随着国际化经营的不断发展，跨国企业面临的合规要求更为复杂。实时预警系统能够实时跟踪各国的法律变化，确保企业在不同地区的财务报告都能符合当地的规定和国际财务报告标准。这种合规性的保障，不仅降低了企业的法律风险，也能增强企业在全球市场中的竞争力。

（4）决策支持

实时预警系统不仅仅是一个"风险探测器"，它同样为企业提供了决策支持。通过对历史数据与实时数据的综合分析，系统能够提供关于市场趋势、企业财务状况、潜在机会与威胁的深入洞察。这些信息能够帮助企业做出更为科学、合理的财务决策。

比如，基于实时财务数据的分析，企业能够预见到未来几个月的现金流压力，进而调整资金安排；或者系统能够识别某个业务领域的潜力，通过数据支持，帮助决策层快速作出资源重配的决策，确保企业能抓住市场机会。

同时，系统还能通过模拟不同财务情境，预测企业未来的财务状况，帮助管理层在不确定的市场环境下做出更为稳健的战略选择。比如，利用财务预测模型结合实时预警系统，企业可以提前识别市场波动的影响，并通过合理调整财务策略，降低风险，提高企业的运营稳定性。

3.实时预警系统的实施与挑战

尽管实时预警系统为企业提供了诸多优势，但其实施也并非一帆风顺，同样面临着一定的挑战。

（1）系统建设与资金投入

建立一个功能完善的实时预警系统需要企业在资金和技术上的投入。

系统建设初期，企业需要购买先进的硬件设备、软件系统，并雇佣具备相关技术背景的专业人才。这些开销对于一些中小型企业来说可能是一个不小的负担。因此，企业在考虑实施实时预警系统时，需要充分评估其投资回报率，并根据自身的财务状况制订合理的投入计划。

（2）数据准确性与完整性

实时预警系统的有效性高度依赖于输入数据的准确性和完整性。如果数据出现偏差或错误，系统的预警功能就会失效，甚至可能导致错误决策。因此，企业在建设系统时，必须保证数据来源的可靠性，确保数据采集、存储、处理的各个环节都能够无误。此外，企业还需要加强数据治理，确保数据质量的持续改善，以保证预警系统始终处于最佳状态。

（3）系统维护与持续更新

实时预警系统的实施并非一劳永逸，系统需要进行定期维护和更新。这包括对算法的优化、预警规则的调整、数据采集方式的升级等。此外，随着市场环境和法规的变化，系统的预警逻辑也需要及时作出相应的调整。为了保持系统的有效性，企业需要投入持续的技术支持和人力资源，保证系统能够适应新的挑战。

（4）定制化与业务适配

每个企业的业务模式、风险承受能力和财务管理需求都不相同，因此，实时预警系统需要根据企业的具体情况进行定制化调整。企业必须根据自身的风险特征、财务目标及合规要求，制定合理的预警规则和策略。这不仅涉及系统的功能模块，还包括对预警阈值、报警机制等方面的设定。

第七章 跨界融合：财务与业务的交响乐章

"一个团队就像交响乐团，只有每个成员的合作与配合，才能奏出最和谐美妙的乐章。"这是彼得·德鲁克的经典论述。对企业而言，财务部门不应只是冷冰冰的数字记录者，而是与业务部门协同作战的伙伴，共同演奏企业发展的"交响曲"。当财务与业务深度融合，不仅能够提升效率，还能让企业在竞争激烈的市场中找到独特的制胜之道。

然而，现实中财务与业务常常存在"壁垒"：财务专注于报表和合规，而业务则聚焦于市场与客户。这样的分离不仅浪费资源，还可能导致决策的延误或失误。通过跨部门协作和数据的无缝对接，这一局面可以被彻底改写。协同的财务与业务团队，能在资源分配、成本优化和战略调整中形成合力，让每一项决策更精准、更高效。

数据集成是这一融合的基础。当财务系统与业务系统实现无缝连接，数据流动更加顺畅，企业便能从全局视角洞察每一个业务环节的运营效率与潜力。更进一步，财务部门可以利用自身对数据的敏锐分析，为业务团队提供战略支持。从选址到定价，从供应链到营销策略，财务人员可以成为企业"业务智囊"，用数字驱动企业迈向更高的发展阶段。

"单丝不成线，独木不成林。"跨界融合不是简单的资源整合，而是财务与业务的深度协作。本章将引导读者探索如何打破部门壁垒，借助数据集成和团队协作，将财务转型与业务发展无缝衔接，共同谱写企业成功的交响乐章。

第一节 协作共赢：跨部门合作的桥梁

我之前在参与一家制造企业的财务优化项目时，发现他们的财务和业务部门仿佛"井水不犯河水"。业务部门在市场扩张时总是"一意孤行",甚至签下几笔利润微薄的大订单,结果让财务团队疲于应对资金压力。一次会议中,财务负责人无奈地表示:"我们每天都在救火,却没人告诉我们火是怎么烧起来的。"

这种"各自为战"的现象并不少见。事实上,中小企业在追求增长的过程中,如果缺乏跨部门协作,很容易导致资源浪费、决策失误甚至企业整体效率下降。企业的每一个部门都像是乐队中的一件乐器,只有彼此配合、相互补充,才能奏响动人的乐章。

我曾指导这家企业建立了跨部门协作的机制。比如,每周召开一次财务与业务的联合例会,让财务团队提前了解销售策略,而业务团队也能借助财务数据来规划行动方案。这种协作模式不仅减少了内部冲突,还帮助企业在三个月内将资金使用效率提高了20%。

企业中"各部门协同作战"的重要性不言而喻,而建立桥梁的关键在于沟通机制、协作文化和明确的目标。只有做到这些,财务与业务才能真正实现双赢。

中小企业在发展中常遇到"部门壁垒"问题,即各部门各自为战,缺乏协同,导致资源浪费和效率低下。在财务管理中,这种现象尤为突出。如何让财务部门成为企业的"中枢神经",高效连接其他部门,尤其是和业务部门的深度融合,是财务人员需要思考的重点。

1. 认知先行:从业财一体到业财融合

很多人对财务部门和业务部门的认识很片面,以前认为财务部门是财务部门,业务部门是业务部门,后来有人提出业务部门和财务部门要做一体化,经过一定的学习,他们也认识到了一体化的重要性,因此将业务部门和财务部门做了简单的连接,在这个时候,实际上,业务部门和财务部门虽然有了连接,但双方的人员之间有边界,工作沟通以一头与一头的直线对接为主。

然而，这样的业财一体虽然在一定程度上提高了工作效率，避免了资源浪费，但这样的一体还不够，业务部门和财务部门一定要做一个彻底的融合，让两者之间的边界消除，真正做到你中有我，我中有你。当然这里的无边界指的是沟通无边界、规划无边界，内部的组织和秩序依然不能乱，具体内容如图7-1所示。

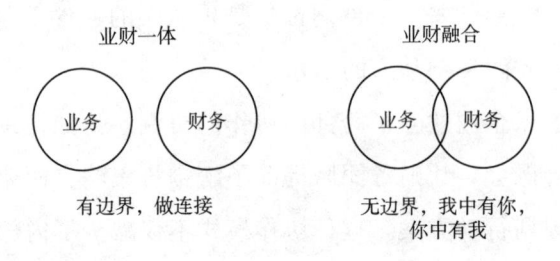

业财一体　　　　　业财融合

业务　财务　　　业务　财务

有边界，做连接　　无边界，我中有你，
　　　　　　　　你中有我

图7-1　业财融合

2.建立高效的沟通机制：让信息流动起来

沟通是跨部门合作的第一步。许多企业的问题源于信息不对称，比如业务部门不了解财务状况盲目扩张，而财务部门也未能及时掌握市场动态。这种"信息孤岛"现象会让企业的决策变得盲目和低效。

要解决这一问题，企业需要搭建起高效的信息沟通机制，具体的操作建议如下。

（1）定期联合例会

业务、财务等关键部门每周或每月召开例会，互相通报最新情况。比如，销售团队分享潜在大订单的资金需求，财务团队则提前提供合理的资金安排建议。

（2）实时信息共享平台

利用企业微信、钉钉等工具，搭建跨部门信息共享的渠道。比如，销售部门的订单数据可以实时同步给财务团队，避免信息滞后导致的资金安排失误。

（3）简洁明了的数据报告

财务人员要尽量用通俗易懂的方式展示数据，让非财务背景的同事也能快速理解财务信息，并据此作出行动调整。

3. 培养协作文化：让财务从"后勤"走向"伙伴"

很多中小企业的财务部门定位为"后台支持"，而非"前台伙伴"，这让财务团队的声音往往被忽视。然而，在现代管理中，财务部门的价值早已不限于"记账"和"报税"，它是业务决策的重要参与者。

要改变这一现状，企业需要在内部建立协作文化，操作建议如下。

（1）增强财务人员的业务参与感

让财务团队参与销售、采购等核心业务环节的讨论，了解业务需求与痛点，从而提供更精准的财务建议。

（2）培训跨领域能力

帮助业务团队掌握基本的财务知识，同时让财务团队了解市场、供应链等领域的基础内容，从而减少沟通中的障碍。

（3）鼓励平等对话

营造开放的工作氛围，打破"财务只管账、业务只管做"的刻板印象，鼓励跨部门提出建议与反馈。

4. 聚焦共同目标：让部门间的努力指向同一方向

协作的基础是明确目标。中小企业往往目标设定不够清晰，导致各部门按自己的理解行动，结果方向不一致，甚至互相制约。比如，销售部门追求高增长的同时，财务部门却在严格控制支出，这种矛盾常常让企业陷入两难境地。

要避免目标冲突，企业应明确各部门的共同目标，并以此为基础制订协作计划，操作建议如下。

（1）统一的企业战略

将企业的年度目标明确分解到各部门，比如销售增长目标与现金流目标相对应，从而让销售与财务形成合力。

（2）KPI联动

在考核中加入跨部门协作指标，比如销售部门的回款率与财务部门的资金周转效率挂钩。

（3）动态调整机制

市场环境变化时，及时调整目标，确保各部门的努力始终指向同一方向。

5.工具赋能协作：让流程更透明、更高效

现代技术为跨部门协作提供了许多便捷工具。中小企业不需要昂贵的ERP系统，也能通过轻量化的数字化工具提升协作效率。

推荐工具与方法如下。

（1）财务管理软件

如金蝶云、用友畅捷通等，支持多部门的数据实时共享，减少手工对账和数据滞后。

（2）项目管理平台

如飞书、Trello等，帮助团队跟踪任务进展，明确各部门的职责分工。

（3）预算管理工具

通过Tableau或Excel搭建预算分配和审批流程，让各部门清晰了解资金使用的优先级与限制条件。

第二节 数据集成：财务与业务的无缝对接

在数字化浪潮的推动下，企业面临的一个重要挑战是如何让财务与业务数据实现"互联互通"。我曾接触过一家初创型电商企业，他们的财务部门每天手动录入销售数据，常常因为滞后导致账目对不上。一名财务经理坦言："我们好像在闭着眼睛走路。"

其实，数据分散是许多中小企业的通病。不同系统的数据孤岛，不仅让工作效率低下，还容易埋下决策隐患。后来，这家企业决定整合财务系统与业务数据，利用云平台将销售、库存、客户信息等数据打通，实现实时更新。短短一个月后，他们就告别了数据滞后的问题，销售和财务团队也能协同作战，快速作出响应。

数据集成不一定需要花费巨资，小企业可以从简单的工具入手，比如将 Excel 表格连接至 Google Sheets 或通过企业微信的轻量级集成功能实现数据共享。更高阶的选择是引入 ERP 系统，将各部门数据"一网打尽"。无论选择哪种方式，目标都是将财务与业务数据连接起来，为企业运转提供"全景视角"。

在当下数字化迅速发展的环境中，数据已经成为企业最宝贵的资源。然而，许多中小企业却面临数据孤岛的问题，财务和业务之间缺乏信息流动，这不仅阻碍了管理效率，也给决策带来了不确定性。通过数据集成，企业能够打破信息壁垒，让财务与业务协同工作，真正实现高效管理和科学决策，具体内容如图 7-2 所示。

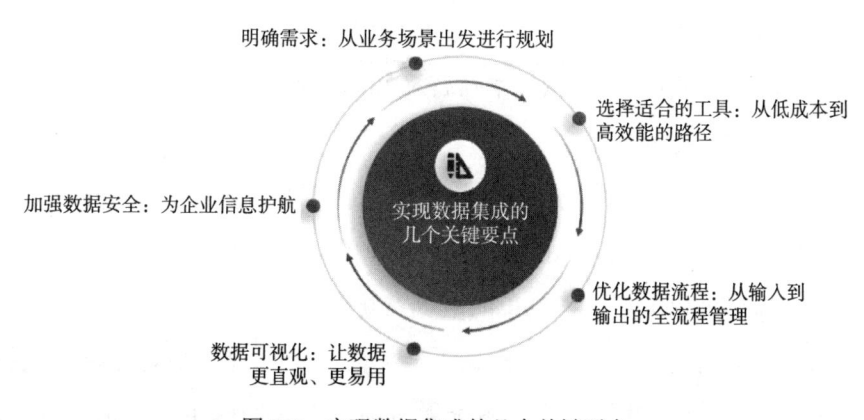

图 7-2 实现数据集成的几个关键要点

1. 明确需求：从业务场景出发进行规划

海尔集团创始人张瑞敏曾讲过，"产品会被场景替代，行业将被生态覆盖"，在开始数据集成之前，企业需要明确数据整合的目标。不同的行业和企业规模对数据的需求不同，但共同点在于要围绕实际业务场景来设计集成方案，而不是盲目追求"大而全"。

比如，如果企业的主要问题是库存积压，就需要重点整合销售数据与库存管理数据；如果企业关心利润结构，则可以将成本核算系统与销售分析系统打通。清晰的需求分析是数据集成的第一步，也决定了后续工作的方向和投入的合理性。

> **实操建议**
>
> a. 与业务部门沟通，梳理日常工作中常见的问题，比如数据滞后、重复录入等。
>
> b. 制定KPI，比如数据处理效率提升多少、错误率下降多少等。
>
> c. 避免"一刀切"的方案，根据实际需求决定哪些系统需要优先整合。

2. 选择适合的工具：从低成本到高效能的路径

对于预算有限的中小企业来说，数据集成不一定要追求高昂的系统解决方案。市场上有许多免费或低成本的工具可以帮助企业实现数据共享。比如，Excel结合Google Sheets可以实现团队间的数据同步，或者利用企业微信等轻量化工具进行简单的数据对接。

如果企业有更高的需求，比如需要实时监控库存、销售和财务数据，可以考虑引入ERP系统。这类系统能将财务、采购、生产、销售等模块集中管理，让各部门数据无缝流通。不过，ERP 系统的实施需要一定的时间和成本投入，企业需要结合自身规模和发展阶段谨慎选择。

> **实操建议**
>
> a. 小规模企业可从现有工具入手，比如用 Power Query 在 Excel 中整合多张表格。
>
> b. 成长型企业可以考虑轻量化 ERP 系统，比如用友、金蝶等提供的解决方案。
>
> c. 每种工具在选型前都要关注易用性和适配性，确保实施后员工能快速上手。

3. 优化数据流程：从输入到输出的全流程管理

数据集成不仅仅是将各系统连接起来，更重要的是优化数据的输入和输出流程，确保信息流的高效传递和准确性。

比如，很多中小企业在销售端的数据录入完全依赖人工，这增加了出错的概率和数据滞后的风险。如果能通过自动化接口将销售系统与财务系统连接起来，销售完成后即可自动生成财务数据，大大降低了出错率，同时节省了时间。

> **实操建议**
>
> a. 建立统一的数据录入规范，比如客户信息统一格式、订单号规则等。
>
> b. 使用自动化工具减少重复录入的环节，比如用应用程序编程接口（API）让不同系统间实现数据互通。

> c. 定期检查数据质量，清理冗余数据，确保集成后的系统高效运转。

4. 数据可视化：让数据更直观、更易用

数据集成的最终目的是为管理和决策提供支持，而不仅仅是为了减少工作量。通过数据可视化，企业管理者可以更快速地理解财务与业务的运行情况，及时调整战略。

比如，一家零售企业在集成数据后，通过 Power BI 生成了销售分析仪表盘，管理层可以实时查看各店铺的销量和毛利情况。当某家店铺的指标偏离正常范围时，可以迅速采取措施，而不用等待月度财务报表。

> **实操建议**
>
> a. 使用易上手的数据可视化工具，如 Excel 的动态图表、Tableau 等。
>
> b. 在仪表盘中设置预警功能，比如库存低于安全线时自动发出提示。
>
> c. 定期与业务部门沟通，优化可视化内容，确保其符合业务需求。

5. 加强数据安全：为企业信息护航

在数据集成的过程中，安全问题是不能忽视的。企业需要确保敏感数据不会因系统漏洞或人为失误而泄露，尤其是涉及客户隐私和财务数据的部分。

中小企业可以通过加强权限管理来保护数据安全，比如设置分级访问权限，不同岗位只能看到与自身相关的部分数据。同时，也可以使用云存储服务进行定期备份，防止因硬件故障造成的数据丢失。

第七章　跨界融合：财务与业务的交响乐章

> **实操建议**
>
> 　　a.建立数据备份机制，定期存储关键数据，并测试备份的可用性。
>
> 　　b.引入身份认证机制，比如双因素认证，确保只有授权人员能访问敏感数据。
>
> 　　c.定期检查系统安全性，修补漏洞，并对员工进行数据安全意识培训。

第三节　业务智囊：财务对业务决策的支持

　　我的一个老客户，一家专注本地市场的餐饮企业，找到我咨询如何优化分店扩展计划。他们的财务总监说："我们的领导总是凭着感觉在决策，但我们却不知道如何用数据来说服他。"这反映了一个常见的问题：许多企业的财务部门只是"账房先生"，而没有真正参与到业务战略的制定中。

　　事实上，财务团队完全可以成为业务的"智囊团"。以这家餐饮企业为例，我们协助财务团队分析了各分店的盈利能力、客流量趋势及所在区域的消费潜力。最终，这些分析结果不仅帮助企业挑选了更优的开店位置，还通过优化定价策略，让新店的营业收入在开业三个月后超过了预期。

　　财务支持业务决策，不仅仅是提供数据，还要学会讲"业务的语言"，用直观的图表、易懂的分析报告让业务部门看到数据背后的故事。企业只有让财务团队走出"账本"，深入业务一线，才能让财务真正成为业务发展的"加速器"。

　　在当今快速变化的市场环境中，财务团队不再只是"核算者"或"成本控制员"，更应成为业务决策的重要支持者。财务与业务的深度融合，能够帮助企业规避风险、抓住机会，让每一步决策更加科学和稳健，具体内容如图7-3所示。

中小企业财务转型之路

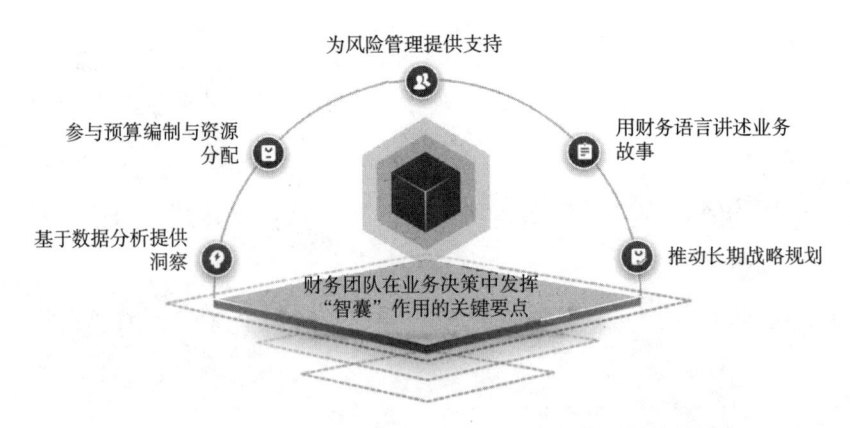

图 7-3　财务团队在业务决策中发挥"智囊"作用的关键要点

1. 基于数据分析提供洞察

财务人员掌握着企业最翔实的财务数据,而这些数据往往蕴藏着业务发展的重要线索。通过对销售、成本、市场趋势等数据的深入分析,财务团队可以为业务部门提供决策参考。比如,在推出新产品之前,财务部门可以通过历史销售数据预测可能的市场需求,为生产和营销团队提供预算和销售目标建议。

数据分析的价值在于转化为直观、易理解的洞察,让业务团队从中看到机会与挑战。因此,财务人员不仅要掌握数据分析工具,更要具备将数据转化为行动建议的能力。

> **实操建议**
>
> a. 使用工具如 Excel 的高级函数或 Power BI,制作直观的图表和报告。
>
> b. 定期与业务部门进行沟通,了解他们的决策需求,提供针对性的数据支持。

2. 参与预算编制与资源分配

预算编制是财务对业务决策支持的重要环节之一。中小企业的资源有限，如何合理分配资金直接影响到业务发展的方向。财务团队需要在预算制定过程中，帮助业务部门明确资金投入的优先级，并对资源使用的效率进行持续跟踪。

此外，财务部门还可以在预算执行中引入灵活调整机制，根据实际业务表现动态优化资源分配，避免因市场变化而错失机会。

> **实操建议**
>
> a.制定预算时引入"零基预算"理念，即从业务需求出发重新分配资金，而非简单延续上年度的分配比例。
>
> b.建立预算执行反馈机制，定期监控投入与产出的匹配程度，调整资源配置。

3.为风险管理提供支持

任何业务决策都伴随着风险，而财务团队在识别和评估风险方面具有独特的优势。从现金流预测到投资回报分析，财务人员可以帮助业务团队在决策前全面评估可能的财务影响，并制定相应的风险缓解方案。

比如，在考虑市场扩张时，财务团队可以通过敏感性分析评估不同市场条件下的盈利能力，为业务团队提供清晰的风险与收益对比。这样的前置性支持，不仅能提升决策的科学性，还能增强管理层的信心。

> **实操建议**
>
> a.定期进行风险识别和评估，将潜在的财务风险量化为具体的指标。
>
> b.利用情景分析模拟不同决策路径的财务表现，为业务提供更全面的参考。

4.用财务语言讲述业务故事

许多业务团队对财务数据的理解力有限，因此，财务人员需要学会用"业务的语言"讲述数据的故事。通过将枯燥的数字转化为生动的图表、易懂的指标，帮助业务团队理解数据的意义，从而将财务支持真正融入业务过程中。

此外，财务团队还应主动了解业务运营的核心逻辑，比如营销策略、供应链管理等，这样才能更好地与业务部门进行有效沟通。只有当财务人员熟悉业务语言，财务支持才能真正落地。

> **实操建议**
>
> a.定期举办跨部门培训或交流会，分享数据分析结果和财务建议。
>
> b.学习基本的业务知识，比如行业关键指标和客户行为分析，提高沟通效率。

5.推动长期战略规划

财务部门的视野通常不局限于短期的盈亏，更着眼于企业的长期发展。通过参与战略规划，财务团队可以帮助企业确定未来的增长目标，并根据不同的战略路径设计相应的资金规划和财务指标体系。比如，财务团队可以根据资本结构和市场前景建议企业是通过自有资金还是融资实现扩张。

在长期规划中，财务的作用更多的是"保驾护航"，既要确保战略方向与财务健康一致，又要为可能出现的波动留出调整空间。

第七章 跨界融合：财务与业务的交响乐章

> ◉ **实操建议**
>
> a. 制订中长期财务计划，与企业战略保持一致，并定期评估进展情况。
>
> b. 结合行业趋势和内部数据，提供对未来增长机会的财务预测和建议。

第八章 安全之翼：风险与合规的双重保障

"凡事预则立，不预则废。"这句话精准地揭示了风险防控与合规管理的真谛。企业在发展的道路上，常会遇到不期而至的风险与突如其来的政策变动。无论是市场风云突变，还是法规严管加码，中小企业若想屹立不倒，就必须筑牢风险防控和合规管理的双重防线，让"安全之翼"护航企业稳健前行。

风险是企业发展的"隐形杀手"，许多企业在遭遇问题时才意识到它的严重性。然而，风险防控并非高深莫测。通过建立预警机制、加强数据监控，企业完全可以在风险初露端倪时将其化解。本章的第一节将为读者阐述如何识别风险信号，如何通过科学的评估机制未雨绸缪，将危机化解于酝酿初期。

与此同时，合规管理正成为企业生存的必要条件。在政策日益细化和监管日趋严格的环境下，合规不仅是企业避免罚款的"防火墙"，更是实现高质量发展的"助推器"。本章第二节将帮助读者厘清合规管理的核心要点，并通过实用的建议让企业更加稳健地前行。

面对市场和政策的不断变化，灵活应变能力至关重要。成功的企业总是能迅速调整策略、把握机遇，将挑战转化为增长契机。本章第三节将探讨如何建立敏捷的应变机制，让企业在风云变幻中保持领先。

通过风险预警、合规管理与灵活应对的三重举措，中小企业将能够构建牢不可破的安全之翼，稳健而自信地迈向未来。

第八章 安全之翼：风险与合规的双重保障

第一节　风险预警：未雨绸缪的防线

我之前和一家零售企业合作时，企业负责人提到一个让人头疼的问题：他们在签订一批大订单后，才发现供应商的信用记录有问题，导致供货不及时，损失了大量客户。企业负责人无奈地说："早知道就该提前做点功课，哪怕多花点时间也比这次损失强。"

这样的例子在中小企业中并不少见。风险常常是隐形的，但一旦暴露出来，就可能对企业造成巨大的冲击。对企业管理者来说，风险预警系统就像是一双"千里眼"，可以帮助企业提前识别潜在问题，无论是供应链断裂、资金链紧张，还是市场变化引发的危机。

风险预警并不需要复杂的技术投入，而是要有敏锐的观察力和系统的监测机制。比如，借助财务报表的分析，定期评估企业的偿债能力、流动性等指标；或者通过采购系统监控供应商的履约记录，及时发现异常。未雨绸缪的关键在于细致的数据收集和科学的分析，这样才能把风险化解在萌芽状态。

在企业经营过程中，风险就像潜藏的暗礁，稍不注意就可能引发严重后果。中小企业由于资源有限，更需要建立一套高效的风险预警机制，帮助管理者及早识别和应对潜在问题，从而保障企业的持续健康发展，具体内容如图 8-1 所示。

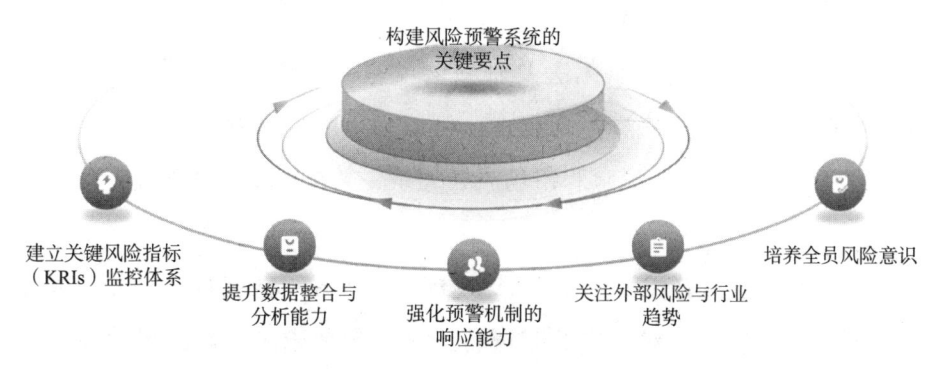

图 8-1　构建风险预警系统的关键要点

1. 建立关键风险指标（KRIs）监控体系

风险预警的基础是对企业运行中可能触发危机的核心指标进行持续监控，比如资金流动性、应收账款回款率、供应商履约情况等。这些关键风险指标（KRIs）能够反映企业财务和运营中的潜在问题，帮助管理层快速发现异常并采取行动。

财务人员需要根据企业实际情况确定这些指标，并通过简单易用的工具（如 Excel 或财务软件）进行动态跟踪。比如，通过监控现金流趋势，可以预判企业是否面临短期资金紧张；通过分析负债比率，可以评估长期偿债能力。

> **实操建议**
>
> a. 列出企业的高风险领域（如资金、供应链、市场变化），设置对应的指标体系。
>
> b. 使用简单的仪表盘工具，实时显示关键指标的波动情况，便于高管快速了解企业状况。
>
> c. 定期复盘指标有效性，确保其始终贴合企业发展需求。

2. 提升数据整合与分析能力

数据分散往往是企业无法及时预警风险的主要原因。将财务数据、业务数据和外部市场信息整合起来，可以为风险监测提供更加全面的视角。特别是对于供应链风险和市场风险，单一数据源难以全面呈现可能的危机。

企业可以通过云端协作平台或 ERP 系统将各类数据打通，并引入简单的数据分析工具，对历史数据进行归纳，预测未来可能的风险点。比如，在原材料采购中，分析供应商的历史履约记录及市场价格波动，可以提前判断供应链稳定性。

> **实操建议**
>
>   a. 借助开源工具（如 Google Sheets 或 Power BI）整合数据，创建可视化报表。
>   b. 定期更新数据来源，确保信息完整性与时效性。
>   c. 设置自动化分析规则，如库存过高或应收账款超期，系统自动生成预警提醒。

3. 强化预警机制的响应能力

预警系统不仅仅是识别风险，更重要的是指导企业如何快速响应。中小企业通常没有冗余资源来承受风险暴露后的冲击，因此及时采取有效措施至关重要。

响应机制的关键在于将责任明确到人，并建立快速的沟通与执行渠道。比如，设置"风险预警周报"制度，财务团队定期向管理层提交简明扼要的风险报告。同时，针对不同类型的风险（如资金短缺或供应商履约问题），制定具体的应对方案并提前演练。

> **实操建议**
>
>   a. 明确预警信号触发后各部门的职责和响应时限。
>   b. 建立企业内部的风险应急微信群组，确保信息传递高效。
>   c. 针对高频风险，提前准备应对方案，比如备用资金账户或备用供应商名单等。

4.关注外部风险与行业趋势

企业面临的风险不仅来自内部管理，也可能受到宏观经济和行业动态的影响。中小企业尤其要警惕外部环境的变化，比如政策调整、行业竞争加剧或市场需求波动。这些外部风险往往更加隐蔽，但对企业的冲击却可能更大。

财务人员应定期关注行业报告、政府政策公告及同行动态，通过外部信息捕捉潜在的危机信号。比如，在税收政策变动前，财务团队可以协助企业评估可能的影响并提前调整战略。

> **实操建议**
>
> a.定期订阅行业资讯平台或加入行业协会，获取实时信息。
>
> b.将宏观经济指标（如利率、汇率）纳入风险监测范围，结合企业实际情况进行分析。
>
> c.举办内部分享会，让团队了解最新的外部环境变化及应对建议。

5.培养全员风险意识

风险预警不应是财务团队的"孤军奋战"，而是需要全员参与的管理文化。无论是业务部门还是管理层，都应意识到自己的行为可能带来的风险，并主动将信息传递给相关人员。

企业可以通过定期培训和分享会，向全体员工普及风险管理的基本知识。比如，销售人员可以报告客户付款习惯的异常，采购人员可以反馈供应商的稳定性问题。这种风险意识的"传染效应"，能让企业的预警体系更加敏锐高效。

> **实操建议**
>
> 　　a.定期举办企业内部的风险管理培训,让员工了解如何识别和报告风险。
>
> 　　b.在各部门设立"风险联络人",及时收集一线反馈并上报管理层。
>
> 　　c.鼓励全员参与风险管理,对提出有效预警的员工给予适当奖励。

第二节　合规管理：稳健前行的基石

"合规管理太麻烦,能不碰最好不要碰。"这是许多中小企业主的真实心声,但现实却往往让人"被迫面对"。我曾帮助过一家初创企业解决税务纠纷,事情的起因是他们没有及时申报一个优惠政策的附加条件,结果被税务部门罚了款。这位企业主感慨道:"如果早点知道合规的重要性,这场损失完全可以避免。"

随着监管政策的日益严格,企业的合规要求变得越来越多。然而,对中小企业来说,资源有限、人手紧缺,想要兼顾发展和合规似乎是个难题。但事实是,合规管理不仅是企业的"防火墙",更是可持续发展的"助推器"。

企业可以从基础的税务合规入手,比如利用专业的税务管理软件,简化报税流程,减少人为出错的概率。同时,要密切关注行业内的政策变化,借助财务顾问或行业协会的帮助,确保企业的合规性。只有稳健的基础,才能支撑企业走得更远。

合规管理对于中小企业来说,就像是搭建坚实的地基。尽管许多企业主认为合规管理是一项"麻烦事",但如果没有扎实的合规基础,企业发展很可能会被风险"绊倒"。随着政策监管的不断收紧,合规已经不再是企业的"可选项",而是迈向可持续发展的必经之路,具体内容如图8-2所示。

中小企业财务转型之路

```
1 税务合规：合法经营的第一步
2 合同合规：防范法律风险的屏障
3 财务合规：稳健管理的基石
4 政策合规：及时应对监管变化
5 全员合规意识：从被动到主动
```

企业合规管理的步骤

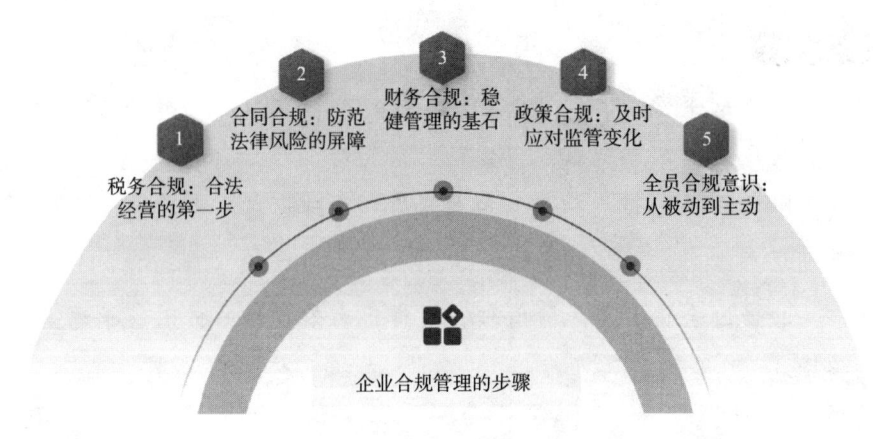

图 8-2　企业合规管理的步骤

1.税务合规：合法经营的第一步

税务是中小企业合规管理中最基础、也是最重要的环节之一。税务合规不仅关系到企业的财务安全，还直接影响企业的信誉和持续发展能力。

中小企业在税务管理上需要特别关注报税的准确性和及时性，避免因误报或漏报产生的罚款。同时，充分利用国家和地方出台的优惠政策（如小微企业增值税减免）也是降低运营成本的重要方式。

实操建议

a.使用专业的税务管理软件（如金蝶、用友、浪潮）自动化处理税务数据，减少人工操作的出错率。

b.定期进行税务审查，确保申报数据与实际运营数据一致，降低税务风险。

c.关注税收优惠政策，必要时借助税务顾问的帮助，确保政策运用合规且高效。

2.合同合规：防范法律风险的屏障

中小企业常常因为对合同的重视不足而埋下法律隐患。比如，未明确付款条款的合同可能导致回款拖延；未明确质量责任的协议可能引发售后纠纷。因此，合同管理是合规的重要组成部分。

企业应确保所有的商业合同经过严格审核，并使用标准化合同模板，降低因条款不完善导致的风险。同时，应定期对已签订的合同进行梳理和评估，确保合同内容的履行情况符合法律要求。

> **实操建议**
>
> a. 制定标准合同模板，涵盖付款、违约责任等关键条款，并根据行业特点灵活调整。
>
> b. 借助简单的合同管理工具（如合同管理 Excel 模板）记录和跟踪合同履约进度。
>
> c. 培训员工学习基础法律知识，增强团队在合同签署过程中的风险意识。

3. 财务合规：稳健管理的基石

财务数据的透明和准确性是企业合规的核心所在。不规范的账务处理，可能对企业内部的决策带来误导。

中小企业应建立清晰的财务管理制度，确保每一笔交易都能追溯来源。同时，通过年度审计、内部稽核等方式，加强对财务报表的检查，发现并纠正潜在问题，减少未来的合规风险。

> **实操建议**
>
> a. 规范发票管理，确保所有财务交易均有合法票据支持。
>
> b. 定期编制并审核财务报表，确保企业财务状况真实、完整。
>
> c. 如果企业规模较大，可考虑聘请第三方会计师事务所进行年度审计。

4.政策合规：及时应对监管变化

政策的变化对中小企业的经营环境影响巨大。

中小企业需要建立有效的政策跟踪机制，随时了解与自身行业相关的最新法规和监管要求，并迅速调整内部流程。比如，新法规出台后，企业可以根据新的规定优化相关企业内部条款，确保与法律要求一致，同时降低风险。

> **实操建议**
>
> a. 订阅行业法规更新的资讯平台，及时掌握政策动态。
>
> b. 安排专人负责政策解读，并将重要变更以内部培训或通告形式传达给相关部门。
>
> c. 通过行业协会与同行交流，借鉴其他企业的合规管理经验。

5.全员合规意识：从被动到主动

合规管理不仅是财务或法务部门的责任，而应该成为全体员工共同的使命。只有全员具备合规意识，才能真正将合规嵌入企业的日常运营之中。

中小企业可以通过定期的内部培训和分享会，让员工理解合规的重要性，并清楚如何在自己的岗位中践行合规。比如，销售人员应了解合同条款的基本要求；仓储人员应关注进销存记录的准确性。

> **实操建议**
>
> a. 开展"合规月"活动，每月集中宣传一个合规主题，提升员工认知。
>
> b. 在员工绩效考核中引入合规指标，奖励表现优秀的员工或团队。
>
> c. 设置合规举报渠道，鼓励员工主动报告潜在的违规行为。

第八章　安全之翼：风险与合规的双重保障

第三节　应变之道：灵活应对市场与政策的风云变幻

我看到过一篇新闻报道：某知名快消企业因未能及时适应新环保法规，导致产品滞销，不得不紧急调整生产线。虽然这是一个大企业的案例，但对中小企业而言，这种场景更常见，影响也更为致命。如果缺乏灵活应对政策和市场的变化的能力，企业很容易陷入被动局面。

在我的咨询经历中，一家服装企业通过提前布局展现了非凡的应变能力。当市场对环保材料的需求快速增长时，他们迅速调整供应链，引入环保面料，并借助政策支持成功申报了研发补贴。结果，他们不仅赢得了市场口碑，还抓住了新一轮的增长机会。

企业在政策与市场的变化中生存，关键在于建立快速反应的机制。比如，成立专门的政策研究小组，定期评估市场环境；或者通过信息化工具实时监控外部变化，将可能的风险或机遇及时传递给管理层。灵活应对不仅是企业的防线，更是迈向机会的跳板。

在政策和市场环境快速变化的当下，中小企业能否快速反应，往往决定了其生存与发展的关键。这种变化可能来自政府出台的新规、消费者需求的转变，或者是全球供应链的波动。对中小企业而言，应对这些变化不仅需要灵敏的嗅觉，更需要健全的机制和高效的执行力，具体内容如图 8-3 所示。

1. 建立政策敏感度：做政策的"领跑者"

政策变化往往是企业运营环境中最不可控的因素之一。对中小企业而言，政策敏感度不仅可以帮助规避潜在的风险，还能通过抢先响应抓住政策带来的红利。

企业需要密切关注行业政策动态，尤其是在税收优惠、环保标准、劳动法规等领域，确保第一时间了解变化并调整内部策略。同时，与专业财务顾问或行业协会合作，可以更高效地解读复杂的政策内容，并找到适合企业的应对之策。

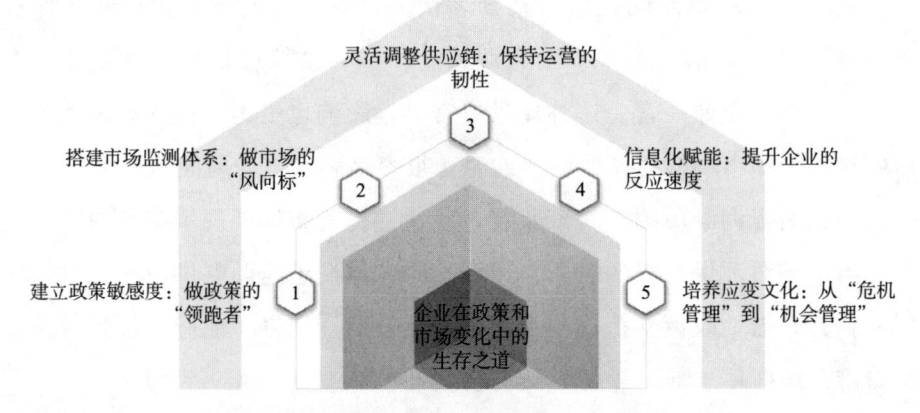

图 8-3　企业在政策和市场变化中的生存之道

实操建议

> a. 订阅权威政策发布平台的通知功能（如国家税务总局、行业协会官网），确保信息来源及时可靠。
>
> b. 定期召开政策解读会，邀请专业人士为管理层和员工讲解政策的潜在影响。
>
> c. 建立政策应对预案，比如针对税率调整或环保标准升级，提前做好预算与资源分配规划。

2. 搭建市场监测体系：做市场的"风向标"

市场的变化比政策更加复杂且迅速。消费者行为的改变、新的竞争对手入场、技术的迭代更新都可能让企业原本的运营策略失效。因此，中小企业需要构建一套灵活高效的市场监测体系，随时了解行业风向并快速调整策略。

实时监测工具可以帮助企业捕捉到早期的市场变化信号，比如借助电商平台数据分析消费者偏好，或者通过社交媒体关注行业舆情。企业内部应建立跨部门协作机制，将收集到的信息与业务策略紧密结合，确保调整方案高效落地。

> **实操建议**
>
> a.利用免费或低成本的数据分析工具（如 Google Trends、百度指数）监控市场趋势。
>
> b.定期收集客户反馈，并通过问卷调查、评论分析等方式了解消费者的需求变化。
>
> c.设立行业对标小组，对竞争对手的产品、服务、营销策略进行系统分析，寻找创新点。

3.灵活调整供应链：保持运营的韧性

供应链是市场和政策变化中最容易受冲击的环节。中小企业因为供应链资源有限，更需要在风险到来前未雨绸缪。比如，当上游供应商因政策或市场波动无法及时供货时，企业如果没有备选方案，很可能被迫中断生产。

应对供应链的不确定性，关键在于提升供应链的弹性。一方面，与多家供应商保持合作关系，避免"单点依赖"；另一方面，积极寻找本地供应商，不仅能减少物流成本，还能更好地响应政策变化（如碳中和相关要求）。

> **实操建议**
>
> a.建立供应商数据库，定期更新各供应商的信用记录、履约能力等信息。
>
> b.推行"紧急预案"，比如与供应商签订备用供货协议，确保关键资源不断供。
>
> c.投资库存管理系统，实时监控库存水平，避免因库存不足或过剩造成的成本浪费。

4. 信息化赋能：提升企业的反应速度

在数字化时代，信息化工具是帮助企业快速应对变化的重要抓手。中小企业可以通过引入轻量级的信息管理系统，将业务、财务、市场等数据打通，实现高效的内部协同与外部响应。

比如，财务部门可以通过分析销售数据预测现金流变化，从而制定更加灵活的预算方案；业务部门则可通过 ERP 系统优化供应链流程，提高生产与交付效率。这些信息化手段不仅降低了运营成本，还增强了企业应对变化的能力。

> **实操建议**
>
> a. 优先选择低成本的云端解决方案（如钉钉、飞书等）实现数据共享与协同办公。
>
> b. 对企业已有的管理系统进行升级，将数据孤岛整合为统一的平台。
>
> c. 定期评估信息化工具的使用效果，确保其与企业战略方向匹配。

5. 培养应变文化：从"危机管理"到"机会管理"

灵活应对变化不仅需要工具和机制，更需要企业全体员工具备开放与敏捷的心态。管理层应引导员工从被动的"危机管理"转向主动的"机会管理"，帮助企业在变化中找到新的增长点。

比如，当行业政策发生变化时，团队可以快速组织讨论，提出应对方案并分享潜在的机会；当市场需求出现调整时，每个部门都能根据新的方案优化自身的工作流程。这种应变文化让企业不仅能在变化中生存，还能在变化中创新。

第八章 安全之翼：风险与合规的双重保障

> **实操建议**
>
> a. 鼓励员工参与企业的决策讨论，通过多元化的观点找到最佳的应对策略。
>
> b. 开展危机模拟演练，比如假设关键客户流失或政策突变的场景，让团队提前熟悉应对流程。
>
> c. 奖励在应变过程中表现突出的员工或团队，营造积极的应变氛围。

第九章　人才战略：打造财务管理的梦之队

"人是生产力中最活跃的因素。"无论是企业的日常运转，还是财务管理的转型升级，都离不开一支充满激情和能力的优秀团队。在数字化浪潮席卷全球的当下，财务团队的角色早已从简单的账目记录者，转变为企业战略的参与者与支持者。打造一支符合时代需求的"梦之队"，是每一个中小企业实现财务管理跨越的关键所在。

技能是基础，也是变革的引擎。在第一节中，我们将探讨如何帮助财务人员在数字化时代快速提升技能，掌握数据分析、财务工具操作等核心能力，让他们在企业的财务转型中发挥中流砥柱的作用。

但仅有技能还不够。高素质人才的引进与激励，是企业持续发展的动力源泉。如何吸引顶尖人才加入一家中小企业；如何通过创新的激励机制，让团队成员持续保持高昂斗志；第二节将为读者揭示引才与留才的双赢策略，为中小企业构建长久的人才竞争力提供实用指导。

最后，团队的组织架构决定了整体运作的效率。再优秀的个体，如果没有科学的分工与协作，也很难让团队发挥出最佳潜力。在第三节中，我们将聚焦于优化团队结构，通过合理分配资源和职责，让财务团队更高效、更敏捷地应对企业发展中的挑战。

正如杰克·韦尔奇所言："企业的成功取决于能否拥有合适的人才做正确的事。"第九章将帮助读者掌握如何在数字化与转型的时代，打造一支技能精湛、充满活力、协作高效的财务"梦之队"，为企业的长远发展打下坚实的人才根基。

第一节 技能升级：数智化时代的财务精英

我的一位财务总监朋友向我抱怨："我们公司的财务流程总是跑不过业务的变化，新招的财务人员技能参差不齐，老员工又不愿意学习新工具，搞得我焦头烂额。"这样的场景，恐怕很多中小企业的管理者都不陌生。在数字化转型的浪潮下，财务人员的技能升级已经不是锦上添花，而是生存必备的基本功。

过去，财务人员的核心任务是记账和报税，如今，企业对财务团队的要求是提供决策支持、预测未来趋势，甚至主导业务模式的创新。这些转变不仅需要财务人员拥有扎实的会计知识，更要求他们掌握数据分析、自动化工具和数智化平台的应用。

但技能升级并不等于盲目培训。中小企业可以从实际需求出发，为财务人员定制有针对性的学习计划，比如让报表分析人员学习Excel高阶技能，让税务专员系统掌握税费核算与风险管理的专业工具等。有了"数字化精英"的财务团队，企业不仅能够提高效率，还能在激烈的市场竞争中先人一步。

在数智化浪潮席卷各行各业的当下，中小企业的财务团队正站在新的历史起点上，面临着前所未有的挑战与机遇。传统的"账房先生"角色已逐渐淡出历史舞台，取而代之的是现代化的"业务伙伴"——财务BP（业务伙伴）。财务人员的职能不再局限于数字的记录与报表的编制，而是扩展到了企业战略的制定与执行、风险的识别与应对等多个层面。这种转型的核心，无疑在于技能的全面升级，具体内容如图9-1所示。

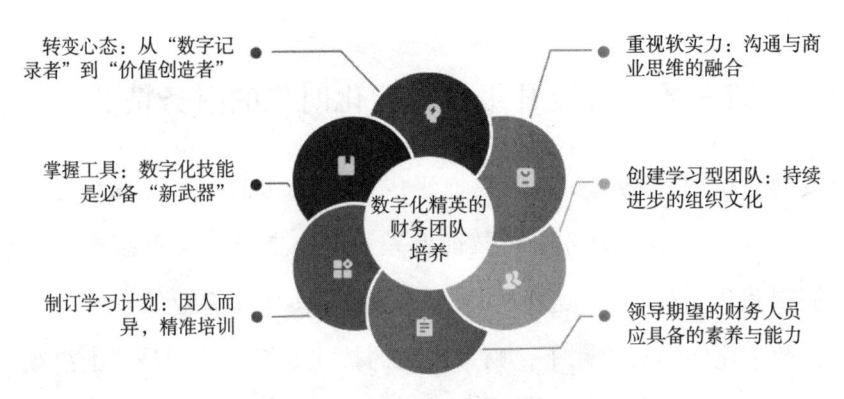

图 9-1 数字化精英的财务团队培养

1. 转变心态：从"数字记录者"到"价值创造者"

财务人员的角色转变，首先体现在心态的调整上。过去，他们被视作企业历史的忠实记录者，确保每一笔交易都被准确无误地记载下来，财务报表的每一个数字都能经得起推敲。然而，在数字化时代，财务人员需要更多地关注未来，成为价值的创造者。他们不仅要确保数据的准确性，更要学会用数据讲述故事，挖掘隐藏在数字背后的商业机会，为管理层提供有力的决策支持。

以某中小型企业为例，其财务部门在引入数据分析工具后，不再仅仅满足于提供月度、季度的财务报告，而是开始深入分析销售数据、成本结构，甚至预测市场趋势。一次，通过对历史销售数据的深度挖掘，财务人员发现某产品线在特定季节的销售量总是异常火爆。他们及时将这一发现报告给管理层，建议加大该产品的库存准备和营销力度。结果，在那个特定季节，该产品的销售额比往年增长了30%，为企业带来了显著的利润增长。

这种角色转变要求财务人员具备更强的前瞻性和创新思维。他们需要从"只关注合规"的传统思维中跳出来，学会在合规的基础上寻找创新的机会点。在预算编制过程中，除了确保数据的严谨性，财务人员还需要思考如何分配资源以更好地支持企业的战略目标，如何通过预算调整来激励业务部门实现更高的业绩。

2. 掌握工具：数字化技能是必备"新武器"

在信息化和自动化的推动下，掌握数字化工具已经成为财务工作的基本要求。ERP系统、BI工具、自动化报表生成工具等技术的广泛应用，不仅极大地提高了财务工作的效率，还使得财务人员能够摆脱烦琐的日常事务，将更多精力投入到数据分析和决策支持中。

以一家制造型企业为例，其财务部门在引入ERP系统后，实现了采购、生产、销售等各个环节数据的实时共享。财务人员通过BI工具对这些数据进行深度分析，发现生产过程中的某些环节存在效率瓶颈。他们及时将这一发现反馈给生产部门，并协助其制定了优化方案。经过调整，生产效率提高了15%，成本得到了有效控制。

为了提升财务团队的数字化技能，中小企业需要采取一系列实操措施。首先，开展数字化工具培训是必不可少的。企业可以组织Excel高阶课程、ERP系统操作指南等培训活动，确保每位财务人员都能熟练掌握常用工具的操作方法。其次，鼓励团队尝试低门槛的自动化工具也是提高效率的有效途径。例如，使用Python进行数据处理或引入RPA来简化重复性任务，都可以帮助财务人员节省大量时间。此外，为新入职员工提供标准化的工具使用手册也是减少学习曲线、提高工作效率的重要手段。

3. 制订学习计划：因人而异，精准培训

技能升级并非一刀切的过程，而是需要根据员工的岗位职责和企业的实际需求来制订学习计划。中小企业应充分认识到，并非所有的财务人员都需要掌握同样的技能。比如，负责成本核算的员工需要提升数据建模能力，以便更准确地计算产品成本；而从事预算编制的员工则可以侧重学习财务预测技术，以更好地预测企业未来的财务状况。

为了实现精准培训，中小企业可以采取以下实操措施。首先，为不同岗位设立明确的学习重点。比如，报表分析人员需要学习数据可视化工具，以便更直观地展示财务数据；税务专员则需要掌握税务核算与风险管理的专业软件，以优化企业的税务结构。其次，定期组织经验分享会也是提升员工技能的有效途径。企业可以邀请外部专家或企业内部的优秀员工来传授实用技能，让员工在交流中相互学习、共同进步。最后，设置学习成果的考核机制也是确保培训内容能够真正转化为生产力的关键。通过定期考核，企业可以了解员工的学习进度和掌握程度，并根据考核结果调整培训计划。

4. 重视软实力：沟通与商业思维的融合

除了硬技能的提升外，财务人员还需要具备良好的软实力，尤其是跨部门沟通能力和商业思维。在现代企业中，财务部门不再是孤立存在的"后勤支持"，而是参与业务决策的重要环节。这就要求财务人员能够用"业务语言"与其他部门高效协作，共同推动企业的发展。

比如，在与销售团队讨论预算时，财务人员不仅需要提供详尽的数据支持，还要解释预算方案如何帮助销售团队达成目标。这种能力的培养需要通过模拟案例讨论或情景化培训来实现。通过模拟真实场景中的沟通情境，财务人员可以学习如何更有效地表达自己的观点，以及如何理解并回应业务部门的诉求。

为了提升财务人员的软实力，中小企业可以采取以下实操措施。首先，开展跨部门的工作坊是增进相互理解的有效途径。通过联合制定预算、分析销售数据等活动，财务人员可以更深入地了解业务部门的运作方式和需求痛点。其次，增加演讲与沟通技巧的培训也是提升表达能力的重要手段。企业可以组织专门的培训课程或邀请专业人士进行辅导，帮助财务人员提高在会议中的发言质量和影响力。最后，引入案例分析环节也是培养商业思维的有效途径。通过分析真实案例中的成功与失败经验，财务人员可以学习如何从数据中提炼出对业务有价值的洞察，并将其转化为实际的商业决策。

5. 创建学习型团队：持续进步的组织文化

技能升级不是一次性任务，而是一个长期的、持续的过程。为了保持财务团队的竞争力，中小企业需要创建学习型团队，培养员工主动学习的习惯，并提供相应的资源支持。在学习型团队中，每个成员都可以是知识的分享者与接受者。他们通过相互学习、共同进步，不断提升团队的整体能力。

比如，某中小型企业在推行"学习分享日"制度后，定期让员工轮流分享他们在工作或学习中获得的新知识、新技能。这种分享不仅限于财务领域的知识，还包括了市场趋势、行业动态等多个方面。通过这种方式，企业不仅拓宽了员工的知识视野，还激发了他们的学习热情和创新思维。同时，企业还设立了内部图书角和数字化学习平台，为员工提供丰富的学习资源。这些资源涵盖了财务专业书籍、在线课程、行业报告等多个领域，满足了员工多样化的学习需求。

此外，对学习成果显著的员工进行表彰也是创建学习型团队的重要手段。通过树立榜样、给予奖励，企业可以引导其他员工积极参与学习活动，形成积极向上的学习氛围。这种氛围不仅能够促进员工个人的成长和发展，还能够推动整个团队不断进步、不断创新。

6. 领导期望的财务人员应具备的素养与能力

在企业管理体系中，领导是财务人员的管理者，是财务人员首先要面对的对象。因此，满足领导的需求是财务人员的首要职责。那么，领导想要的财务人员是什么样的呢？

综合来看，优秀财务人员通常需要满足以下四个关键维度。

（1）懂业务的财务

这是对财务专业的最基本要求，作为一名财务，对所在行业的业务流程、商业模式、合规风险等有基本的了解，当领导遇到这些方面的问题时，能从他那里获得咨询意见或解决方案。

（2）有经营管理经验的财务

对于领导来说，一个财务光懂业务还不够，这个财务最好还要懂一些经验管理经验，这样，领导在面对困境时，才不会孤军奋战。大多数的领导都希望自己的财务能帮自己"打仗"，且能打"胜仗"。

（3）渴望成长的财务

有人说，前面说到的懂业务、有经营管理经验这两项我都符合了，那我算不算领导心中的好财务了呢？也算，也不算。也算说的是符合这两点的财务已经可以作为一个专才留在领导身边用了；也不算说的是，财务的进步空间还很大，尤其是当下的财务，国家政策法规、新的热点形势在不断地更新变化，如果不跟着学习、成长和进化，那么，很容易就被社会所淘汰。因此，好的财务还应该是渴望成长的财务。

（4）可以做领导的后备力量

如果你做到了前面的三项，那么恭喜你，你已经是领导心目中的好财务了，领导甚至还会将你作为领导的后备力量去培养。这就要求你透过财务的信息，对企业内部的业务有一定的前瞻性，对市场内容能够进行预判，必要时，还能用战略引领团队，具体内容如图9-2所示。

第九章 人才战略：打造财务管理的梦之队

懂业务的财务
>熟悉商业模式
>业务流程
>合规风险

渴望成长的财务
>不断学习
>不断成长
>不断进化

业务　渴望成长

有经营管理经验的财务
>懂管理
>专经营
>能"打仗"
>打"胜仗"

经营管理　后备力量

可以做领导的后备力量
>业务前瞻性
>市场预判
>战略引领

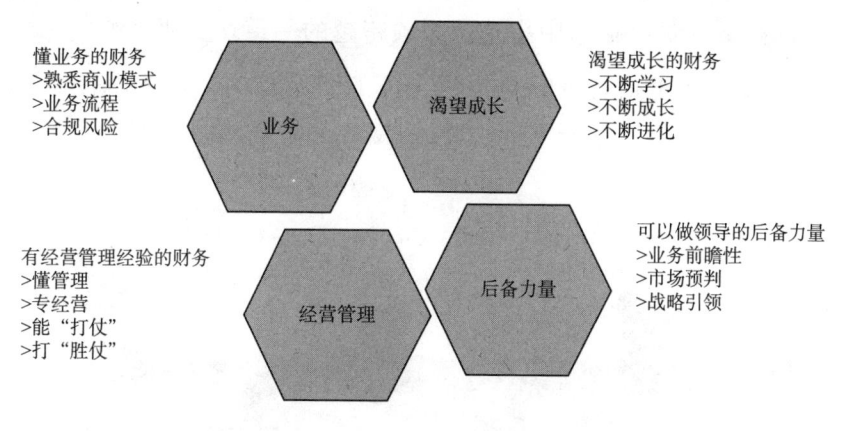

图 9-2　优秀财务人员的四个关键维度

第二节　人才汇聚：高素质人才的引进与激励

还记得我刚进入咨询行业时，有次接触一家小型生产企业，他们的财务负责人刚刚辞职，导致企业的财务流程一团糟。企业负责人告诉我："好人才太难找了，尤其是愿意来小公司的。"

中小企业普遍面临着吸引和留住高素质财务人才的难题。一方面，优秀的人才更倾向于选择大企业；另一方面，薪资和职业发展空间的限制也让中小企业在人才市场上处于劣势。然而，人才的缺乏严重制约了企业的财务管理水平，甚至影响到整个业务的发展。

企业不妨换个思路，用更灵活的方式去吸引人才。比如，可以通过合作兼职、远程办公的模式，吸引那些有丰富经验但暂时不想全职工作的专业人士；或者打造有吸引力的企业文化和成长机制，让人才看到自己的价值。留住人才的关键，是给他们提供有挑战的工作、持续成长的机会，以及一个让他们觉得"值"的平台。

中小企业在财务管理领域中要保持竞争力，高素质人才无疑是关键的驱动力。然而，面对资源与平台规模的限制，如何有效引进并长期留住优秀的财务人员，成为中小企业必须跨越的一道坎。要破解这一难题，关键在于灵活运用招聘策略与构建全面的激励机制，具体内容如图9-3所示。

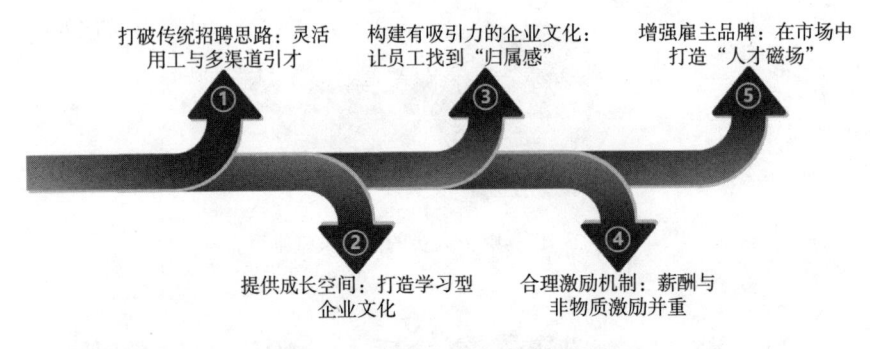

图9-3 引进并留住优秀财务人员

1. 打破传统招聘思路：灵活用工与多渠道引才

中小企业在薪资待遇上难以与大企业抗衡，因此必须拓宽招聘视野，采用更为灵活的招聘方式。兼职合作与外包服务便是其中的佼佼者，它们能够帮助企业在不增加固定成本的前提下，解决专业性极强的财务问题。比如，针对复杂的财务审计任务，企业可以寻求经验丰富的外部顾问或兼职财务专家的支持，这样既能节省成本，又能让内部团队在合作中学习成长。

远程办公模式的兴起，更为中小企业吸引优质财务人才打开了新的窗口。许多财务专业人士渴望在工作与生活之间找到平衡，而远程办公正好满足了这一需求。企业只需提供清晰的工作目标与高效的沟通工具，便能吸引那些追求工作灵活性的高素质财务人才，实现工作效率与工作质量的双重提升。

在实操层面，中小企业可以充分利用社交媒体平台发布兼职、远程等灵活用工信息，吸引更多元化的人才。同时，与专业机构如财务咨询公司涉税专业服务机构等建立合作关系，为短期或特定项目提供专业人才支持。此外，在招聘广告中明确标注远程办公、弹性工作等灵活安排，也是吸引高质量财务人才的有效途径。

2.提供成长空间：打造学习型企业文化

高素质财务人才的流动性往往较高，要留住他们，关键在于提供持续的学习与成长机会。对财务人才而言，掌握新技能、拓宽职业视野是极其重要的激励因素。因此，中小企业应致力于构建学习型企业文化，为员工提供丰富的培训与发展资源。

企业可以通过设立内部培训机制，定期邀请行业专家举办讲座或工作坊，分享最新政策解读与行业动态。同时，提供外部进修补贴，鼓励员工考取如注册会计师（CPA）、税务师等权威资格认证，不仅提升了员工的专业能力，也增强了他们对企业的忠诚度与归属感。

此外，给予财务人员参与跨部门项目的机会，也是促进其成长的重要方式。通过参与不同部门的合作项目，财务人员能够更全面地理解企业运营，提升综合能力，同时增强对企业的责任感与使命感。

在实操层面，中小企业可以建立内部"导师制"，由经验丰富的财务人员指导新员工快速融入团队与业务。同时，设立学习奖励机制，比如报销行业考试费用、提供通过认证后的奖金等，激励员工积极学习。此外，鼓励员工参与跨部门合作，通过实际项目提升他们的业务理解力与团队协作能力。

3.构建有吸引力的企业文化：让员工找到"归属感"

虽然中小企业无法提供大企业般的资源与品牌优势，但独特的企业文化却能成为吸引并留住财务人才的利器。一个积极向上、注重员工关怀的工作环境，能让财务人员感受到自己的价值与被认可。

为了营造这样的企业文化，中小企业可以设立透明且公平的晋升机制，让员工明确自己的职业发展路径。通过定期的团队建设活动与表彰优秀员工，增强团队的凝聚力与向心力。同时，充分利用中小企业的灵活性优势，给予员工更多的自主性与决策权，让他们在工作中感受到自己的影响力与贡献。

在实操层面，中小企业可以每季度开展员工满意度调查，及时了解员工需求并调整管理策略。设立"财务之星"或"月度最佳"等奖项，对表现突出的财务人员进行公开表彰与奖励。此外，鼓励员工参与公司战略讨论会，让他们有机会表达自己的观点与建议，从而增强他们的参与感与归属感。

4. 合理激励机制：薪酬与非物质激励并重

薪酬激励是吸引与留住人才的重要手段，但中小企业在资源有限的情况下，必须寻求薪酬与非物质激励的平衡点。在薪酬方面，可以通过设立绩效奖金、年终奖等机制，将员工的收入与其工作表现紧密挂钩，既控制了成本又激发了员工的工作动力。

非物质激励同样不容忽视。中小企业可以提供弹性工作时间、带薪假期、员工健康计划等福利，提升员工的满意度与幸福感。对于核心财务人才，适当的股权激励计划更是留住他们的"金钥匙"。通过让员工持有公司股份或参与利润分红，让他们与企业的长远发展紧密相连，共同分享成长的果实。

在实操层面，中小企业应制定明确的绩效指标与考核体系，确保奖金的发放公平合理。同时，根据员工的实际需求与偏好，设计多层次的福利计划，比如提供个性化的健康保险、生日礼金、家庭关怀计划等。对于核心财务人员，可以考虑实施长期激励计划，比如股票期权、限制性股票等，以增强他们的忠诚度与归属感。

5. 增强雇主品牌：在市场中打造"人才磁场"

在竞争激烈的人才市场中，中小企业要脱颖而出，必须树立良好的雇主品牌。这不仅要求企业在内部打造优秀的企业文化与工作环境，还要在外部积极展示企业的形象与实力。

通过社交媒体、公司官网等渠道，中小企业可以展示员工的工作场景、团队活动、成功案例等，提升企业在公众心中的认知度与美誉度。同时，积极参与行业协会的活动与论坛，与业界同仁交流分享经验，提升企业在行业内的知名度与影响力。

与院校合作开展校企联合培养计划，也是增强雇主品牌的有效途径。通过为在校生提供实习机会与职业指导，中小企业不仅能提前筛选并培养潜在人才，还能在学术界与业界之间建立紧密的桥梁，提升企业在专业领域中的认可度。

在实操层面，中小企业应定期更新企业文化宣传资料，确保招聘信息与品牌形象的一致性。在行业活动中积极发言与展示成果，提升企业的行业地位与知名度。同时，与院校建立长期合作关系，共同开发课程、举办讲座等，为企业的未来发展储备高素质人才。通过这些措施的实施，中小企业将能够在人才市场中构建起强大的"人才磁场"，吸引并留住更多优秀的财务人才。

第三节　团队优化：组织架构的智慧调整

在一次财务诊断中，我接触到一家发展较快的中型零售企业。他们的财务部门看似庞大，但职责分工混乱，导致许多简单的问题都需要部门负责人亲自处理，工作效率极低。企业的负责人苦笑着说："我们不是没花钱，而是没花对地方。"

随着企业的发展，财务团队的组织架构需要不断优化，才能适应新的业务模式和管理需求。中小企业往往因为预算限制，倾向于"少花钱多办事"，结果导致财务人员既要兼顾日常工作，又要应对转型的挑战，久而久之，团队的效率和士气都会受到影响。

优化组织架构，并不是要求企业增加人手，而是要更科学地分配现有资源。比如，可以通过引入自动化工具，将重复性工作交给系统完成；同时，设置清晰的岗位职责，确保每个环节有人负责，减少管理盲区。合理的架构不仅能提高团队效率，还能为企业的财务管理建立更坚实的基础，让团队成员真正成为企业发展的"助推器"。

财务团队是企业运营的核心枢纽，其组织架构直接影响到效率、协作和整体管理水平。中小企业在发展过程中，往往因资源有限或缺乏专业规划，导致团队运作效率低下。如何通过调整架构，最大限度地发挥现有团队的潜力，成为企业管理者需要深思的问题，具体内容如图9-4所示。

图9-4 如何调整财务组织构架团队

1. 清晰的职责分工：破解"责任模糊"难题

在中小企业中，财务团队职责界限不清是普遍存在的问题。成员间角色重叠、任务推诿，严重制约了团队效率。因此，优化团队架构的首要任务便是明确每位成员的岗位职责。

具体而言，可根据核心职能将财务团队细分为以下几个关键岗位：基础财务岗位，专注于记账、报税、资金管理等日常操作，适合由初级员工或借助自动化工具完成；财务分析与决策支持岗位，负责数据分析、预算规划等高层次工作，需由经验丰富的财务人员担当；合规与内控岗位，则聚焦于风险管理与政策执行，为企业的稳健运营保驾护航。

> **实操建议**
>
> a.制定岗位说明书，详细列出每个职位的职责与考核标准。
>
> b.每季度检查团队的任务分配情况，及时调整职责范围。
>
> c.运用协作工具（如企业微信、Trello等），透明化任务分配与进度追踪。

2.自动化工具助力：释放人力处理高价值工作

财务团队中，重复性、事务性的工作往往占据了大量时间与精力，而这些工作往往可以通过自动化工具来高效完成。比如，引入在线报销系统（如钉钉、云之家），可以大幅简化报销流程，减少人工审核的烦琐；智能记账工具（如金蝶、用友）则能自动生成财务报表与纳税申报表，减轻财务人员的负担；而预算管理软件的应用，则能实时监控企业资金流向，提前预警潜在风险。

> **实操建议**
>
> a.根据企业规模和需求，选择性价比高的自动化工具，避免"一刀切"式的高成本方案。
>
> b.对财务人员进行短期培训，确保他们能够熟练使用工具。
>
> c.定期评估工具的使用效果，逐步优化工作流程。

3.打造协作文化：让团队"合力"而非"分力"

优化架构与职责分工虽重要，但若无协作文化的支撑，团队效率仍难以提升。真正高效的财务团队，需要成员间相互支持、共同为团队目标而努力。

在中小企业中，建立协作文化可从以下几个方面着手：首先，促进跨部门沟通，通过定期召开联合会议，加强财务部门与业务部门之间的信息共享，确保财务团队能够准确理解业务需求；其次，设定团队共同目标，如降低运营成本、优化税收结构等，将团队成员的注意力引向共同目标，增强团队凝聚力；最后，建立及时反馈与激励机制，对团队合作中的优秀表现给予表彰与奖励，鼓励成员间相互学习与支持。

> **实操建议**
>
> a.每月组织一次跨部门协作案例复盘，寻找改进空间。
> b.引入团队协作关键绩效指标，将部门间配合效率纳入考核范围。
> c.通过团建活动或小型竞赛，增强团队的情感连接与认同感。

4.构建"梯队式"人才结构：让团队具备持续发展能力

中小企业的财务团队常常面临人员流动快、核心人才匮乏的问题。优化团队架构的一个重要目标，是通过合理的人才梯队建设，实现团队的可持续发展。

一个成熟的财务团队应包含以下三类人才：基础型员工，处理事务性工作，为团队提供稳定支持；核心型员工，主导重要项目，承担关键任务，是团队的中坚力量；战略型人才，拥有深厚的专业知识与管理经验，负责统筹规划，为企业未来发展出谋划策。

第九章 人才战略：打造财务管理的梦之队

> **实操建议**
>
> a.定期评估团队能力，识别潜在的核心与战略型人才，重点培养。
>
> b.建立"以老带新"的内部培训机制，让新人快速成长。
>
> c.引入外部资源，如行业顾问或兼职专家，为团队提供专业支持。

5.适应性调整：根据业务需求动态优化架构

企业的业务模式和战略目标是动态变化的，因此财务团队的组织架构也不能一成不变。管理者需要定期对团队架构进行评估，确保其适应企业当前和未来的需求。

比如，当企业进入新的市场或开展新业务时，可能需要专门设置税务核算岗位；而在数字化转型过程中，则需要更多的数据分析和系统管理人才。通过灵活调整架构，企业能够在不同阶段保持财务团队的高效运转。

> **实操建议**
>
> a.每年进行一次团队架构评估，分析现有岗位是否与企业需求匹配。
>
> b.在新业务启动时，优先考虑现有团队是否能够胜任，必要时引进外部支持。
>
> c.为团队设立弹性岗位，根据业务需求动态调整职责范围。

第十章 持续卓越：转型评估与进化的征途

"卓越不是一种行为，而是一种习惯。"——亚里士多德。对于任何一项财务转型工作而言，成功的标志并非转型的开始，而是通过不断地评估与优化，持续推动企业走向更高效、更智能的未来。第十章将带领读者走过转型的最终阶段，即如何对财务转型成果进行精准的评估，并在此基础上持续进化，实现卓越的管理效果。

第一节，我们将深入探讨如何通过科学的成效评估，量化转型带来的实际成果。无论是财务报表的精确度提升，还是财务决策效率的增强，都需要有具体的指标来衡量。通过准确的数据，企业能够清晰地看到转型的成效，及时调整策略，确保每一步都走在正确的轨道上。然而，评估只是第一步，持续优化才是转型成功的关键。转型是一条持续进化的道路，企业需要在不断变化的市场和技术环境中找到自己的步伐。

第二节将聚焦于如何通过灵活调整，不断优化财务流程和管理机制，确保企业在快速变化的时代中保持竞争力。这一部分将帮助企业明确优化路径，并在实践中逐步深化管理能力。

最后，成功的转型往往伴随着宝贵的经验与故事。第三节将通过成功案例的分享，展示那些在财务转型中走出一条智慧与创新的道路的企业经验。这些真实的案例不仅能为中小企业提供宝贵的参考，更能为他们的转型提供信心与动力。

本章将引领读者认识到，财务转型不是一蹴而就的过程，而是一个不断评估、优化、进化的长期征途。通过持续的努力和不断积累的经验，企业才能在竞争激烈的市场中持续卓越。

第十章 持续卓越：转型评估与进化的征途

第一节　成效评估：转型成果的精准度量

我曾参与过一家食品加工企业的财务转型项目。项目结束时，企业负责人兴奋地告诉我："转型很成功，流程比以前快了不少！"但当我们详细询问效率提升的具体数据时，他却说不出一个准确的数字。事实证明，很多中小企业在财务转型后，都没有对成果进行系统评估，结果无法明确转型到底带来了多大的实际效益。

成效评估是财务转型的关键环节，它不仅能帮助企业了解转型的成功程度，还能为后续优化提供科学依据。评估不仅仅是看表面变化，而是需要通过清晰的指标来量化成果。比如，财务报表生成时间是否缩短；成本控制是否更加精准；决策支持的响应速度是否提高。

对于中小企业来说，可以结合自己的业务特点，设定一些具体、可操作的评估指标，并利用简便的工具如 Excel 或 BI 系统进行追踪。财务转型不是"一次性的工程"，精准的成效评估是企业步入持续改进的重要第一步。

财务转型对于中小企业而言，既是提升效率的机会，也是迎接挑战的过程。然而，许多企业在实施转型后，往往止步于"感觉成功"，却忽略了量化成果的必要性。没有具体的数据支撑，"成功"只是主观判断；而通过成效评估，企业才能真正掌握转型是否达到了预期目标，为未来的优化奠定基础，具体内容如图 10-1 所示。

1. 明确评估维度：抓住核心领域

财务转型是一个系统工程，涉及流程优化、工具引入、数据集成等多个方面。为了确保转型成效一目了然，企业需要针对这些核心领域设定清晰的评估维度。

1 明确评估维度：抓住核心领域

2 设定量化指标：用数据说话

3 引入对比分析：横向与纵向结合

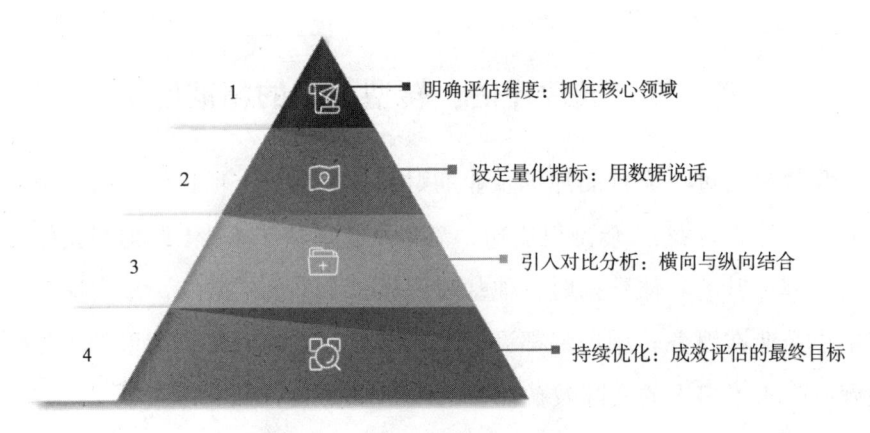

4 持续优化：成效评估的最终目标

图 10-1　企业财务转型成果评估

（1）效率提升

a.核算流程是否简化，处理时间是否显著缩短。

b.财务报表的生成速度是否加快，能否满足即时查询的需求。

c.审批流程是否更加高效，减少了不必要的等待时间。

（2）成本优化

a.运营成本，特别是财务管理成本是否有所下降。

b.人力资源使用是否更加合理，减少了冗余岗位。

c.系统和工具的引入是否带来了成本效益。

（3）决策支持

a.财务数据是否更加实时、准确，能够支持业务决策。

b.财务报表和分析报告是否能提供有价值的业务洞察。

c.决策者是否能够基于财务数据快速作出反应。

（4）风险控制

a.转型后企业的合规性是否增强，内控机制是否更加完善。

b.财务数据的安全性和保密性是否得到保障。

c.风险预警机制是否有效,能否及时发现并应对潜在风险。

中小企业应根据自身特点选择重点维度进行评估,避免评估内容过于分散而失去针对性。通过聚焦核心领域,企业能够更精准地衡量转型的成效。

2.设定量化指标:用数据说话

明确评估维度后,接下来需要将其具体化为可量化的指标。量化指标能够直观展示转型的成果,为企业提供明确的改进方向。

(1)时间类指标

a.财务报表生成时间减少了多少。

b.月度结账时间缩短了几天。

c.审批流程的平均处理时间是多少。

(2)成本类指标

a.财务管理成本占收入的比例下降了多少个百分点。

b.人力成本节省了多少钱。

c.系统和工具的投入产出比(ROI)是多少。

(3)准确率指标

a.报表错误率降低了多少。

b.数据的准确率提高了多少个百分点。

c.预算与实际支出的偏差率是多少。

(4)响应类指标

a.决策支持响应速度提高了多少。

b.业务部门从提出需求到获得分析报告的时长缩短了多少。

c.财务团队对突发事件的响应时间是多久。

> **实操建议**
>
> 在实际操作中，企业可以采取以下策略来确保量化指标的有效性。
>
> 第一，制定基准数据：在转型开始前，记录现有的关键指标值，作为对比基础。这有助于准确衡量转型带来的变化。
>
> 第二，使用可视化工具：通过 Excel 或 BI 系统将数据转化为图表，直观呈现变化趋势。这有助于决策者快速理解数据背后的故事。
>
> 第三，定期更新数据：至少每季度对指标进行一次追踪，观察转型带来的持续效果。这有助于及时发现新问题并调整策略。

3. 引入对比分析：横向与纵向结合

成效评估的一个重要方法是进行对比分析。通过与转型前的数据、行业平均水平或竞争对手进行比较，企业可以更清楚地看到自身的进步与不足之处。

（1）纵向对比

a. 关注企业内部数据的变化，比如转型前后利润率的提升、运营成本的下降等。这有助于企业了解转型后带来的直接效益。

b. 通过时间序列分析，观察指标在不同阶段的变化趋势，评估转型的长期效果。

（2）横向对比

a. 将企业的核心财务数据与同行业平均值对比，比如财务费用率、库存周转天数等。这有助于企业找出与行业领先者的差距，明确改进空间。

b. 通过竞争对手分析，了解竞争对手的财务状况和策略，为企业的竞争策略提供参考。

第十章　持续卓越：转型评估与进化的征途

> **实操建议**
>
> 在实际操作中，企业可以采取以下策略来增强对比分析的准确性。
>
> 第一，收集行业数据：利用行业报告或行业协会提供的统计数据，建立横向对比基准。这有助于企业了解行业的整体状况和发展趋势。
>
> 第二，结合时间节点：定期回顾不同阶段的评估数据，观察转型带来的长期效益。这有助于企业评估转型的可持续性和未来发展方向。
>
> 第三，重点分析差异：对较大差异的指标进行深度分析，查找背后原因并制订改进计划。这有助于企业针对问题采取有针对性的措施，提升整体绩效。

4. 持续优化：成效评估的最终目标

财务转型的成效评估并不是结束，而是持续优化的起点。通过定期评估，企业可以及时发现新问题，调整策略，确保财务管理模式能够适应市场与业务的变化。在持续优化中，企业可以采取以下策略。

（1）动态调整指标

随着企业发展阶段和市场环境的变化，评估指标也应与时俱进。比如，在初期关注效率提升和成本优化，后期可以转向数据支持的精准性和深度，以及风险控制的完善性。

定期审查评估指标体系，确保其与企业战略和业务目标保持一致。

（2）建立反馈机制

向财务团队和业务部门收集使用新工具和新流程的反馈，及时了解他们的需求和痛点。

鼓励员工提出改进建议，对合理建议给予奖励和认可，激发员工的积极性和创造力。

基于反馈结果及时调整和优化财务流程和管理制度，确保转型成果得到巩固和提升。

（3）试点推广策略

针对部分改进措施或新工具，先进行小范围试点，观察其效果和影响。通过试点验证改进措施的可行性和有效性，降低全面实施的风险。在试点成功的基础上，逐步推广至全公司，确保转型的平稳过渡和全面落地。

第二节　持续优化：不断进化的路径探索

转型从来都不是一个终点，而是一条不断迭代的道路。这一点，我在长期的财务咨询工作中深有体会。有一次，一家机械制造企业负责人告诉我，他们的财务流程自动化已经完成，但不久后却发现，随着订单结构的变化，原有的流程设计已经不适用了，反而出现了数据积压的问题。

这样的情况并不少见。市场在变化，企业的战略也在调整，财务管理必须随之"与时俱进"。持续优化的核心是通过定期的审视和反馈，不断调整工具、流程和团队，以确保财务管理能够适应新的需求。

中小企业可以从小处着手，比如每季度召开一次财务转型会议，邀请核心团队讨论哪些流程可以进一步优化，哪些问题需要技术或人员调整来解决。在数据反馈上，可以引入动态指标，实时监控业务和财务的关键环节，让优化过程更具前瞻性。

财务转型并不是一劳永逸的"完工项目"，而是一条需要不断调整与升级的"进化之路"。企业的业务环境和市场需求在持续变化，只有通过动态调整，财务管理才能保持高效运转，真正成为企业战略落地的基石，具体内容如图10-2所示。

第十章 持续卓越：转型评估与进化的征途

优化流程：小步快跑，逐步改进

长期规划：优化的战略视角

数据反馈：用动态指标驱动改进

团队成长：建立学习型财务文化

技术迭代：让工具保持"活力"

图 10-2　企业财务持续转型进化

1. 优化流程：小步快跑，逐步改进

财务转型初期，企业往往将重点放在"能用"和"能跑起来"的阶段。然而，随着业务复杂性的提升，初始设计的流程可能会显露出瓶颈，需要进一步优化以适应新的需求。

优化策略

a. 定期复盘：每季度召开财务评审会议，评估当前流程的运行情况，找出耗时长、出错率高或协同效率低的环节。

b. 聚焦痛点：优先解决对业务影响较大的问题，而非一次性"推倒重来"，通过渐进式优化减少干扰。

c. 灵活调整：保持流程的开放性和灵活性，在设计上为未来的调整留出空间，比如使用模块化的系统架构，便于后续扩展。

通过"小步快跑"的方式，企业既能控制优化成本，又能确保财务流程始终契合业务需求。

2. 数据反馈：用动态指标驱动改进

持续优化的核心是数据驱动的决策。通过动态监控关键指标，企业可以实时掌握财务管理的运行状况，及时发现问题并快速调整。

> **动态指标设置建议**
>
> a. 效率指标：报表生成时间、审批流程周期、数据整合耗时等。
>
> b. 准确率指标：错账率、数据校对错误率等。
>
> c. 响应能力指标：财务数据支持业务决策的响应时间。

> **实施步骤**
>
> a. 构建数据监控系统：使用简便易用的工具（如 Excel 动态表、轻量级 BI 工具）实时追踪指标变化。
>
> b. 定期分析数据：将动态指标与历史数据对比，观察趋势，判断改进措施的效果。
>
> c. 反馈优化：针对异常数据，快速定位问题环节并进行调整。

通过建立以数据为基础的反馈机制，企业能够将优化过程量化并具体化，避免凭经验或直觉决策。

3. 技术迭代：让工具保持"活力"

随着技术的不断进步，企业需要定期审视现有的财务管理工具，确保它们依然符合需求并具备竞争力。比如，早期部署的财务软件可能无法满足增长中的数据处理需求，或者无法兼容最新的业务应用。

第十章 持续卓越：转型评估与进化的征途

◎ 技术迭代的关键点

a.评估现有工具：定期检查系统的功能使用率，分析哪些模块被充分利用，哪些模块存在浪费或功能不足。

b.关注市场动态：了解行业内的新技术趋势，比如区块链的应用、人工智能分析工具等，根据需要逐步引入。

c.兼容与升级：选择易于升级和扩展的工具，避免"一刀切"带来的运营风险。

技术的不断升级不仅能提高效率，还能帮助企业抓住更多的市场机会。

4.团队成长：建立学习型财务文化

任何技术和流程的优化，都离不开团队的高效协作。持续优化的核心之一是培养一支具备成长意识的财务团队，确保他们能够适应转型后的工作环境，并推动进一步的改进。

◎ 团队成长的方向

a.技能更新：定期为团队提供培训，帮助他们掌握新工具的使用方法，学习最新的财务管理理念。

b.文化塑造：鼓励员工提出改进建议，建立内部激励机制，让他们对优化成果产生认同感和成就感。

c.跨部门合作：推动财务与其他业务部门的合作，共同发现优化机会，提升企业的运作效率。

通过打造学习型团队，企业可以实现财务管理的持续迭代，为长远发展奠定坚实基础。

5. 长期规划：优化的战略视角

持续优化不仅仅是一项日常工作，还应作为企业长期战略的一部分。通过与企业战略的深度融合，财务管理的优化才能更具前瞻性和系统性。

> **长期规划的建议**
>
> a.制定年度优化目标：每年设定具体的优化任务和评估标准，比如提升数据集成度、降低运营成本等。
>
> b.加强外部合作：与行业专家、咨询公司或技术供应商建立联系，定期获取外部的专业意见和支持。
>
> c.优化资源配置：通过预算倾斜，为重点优化项目提供充足的资源保障，确保执行效果。

持续优化需要耐心和坚持，但其带来的效益是长期且深远的。

第三节 成功之道：案例分享与经验的璀璨光芒

很多企业负责人总觉得自己的困境"独一无二"，但在与不同企业合作的过程中，我发现，绝大多数中小企业的财务管理问题其实有相似的根源。正因如此，分享成功的转型案例变得尤为重要——它不仅能提供经验借鉴，更能让企业找到转型的方向和信心。

比如，一家零售企业通过小型ERP系统的引入和财务与业务数据的整合，大幅提升了库存管理效率，最终实现了销售额同比增长20%；一家物流公司利用自动化工具优化了应收账款流程，缩短了50%的账款回收周期。这些案例不仅展示了技术和策略的重要性，也说明了团队执行力和高层支持的不可或缺。

对于中小企业来说，学习他人的经验不仅是"取经"，更是结合自身

第十章 持续卓越：转型评估与进化的征途

实际寻找灵感的过程。通过不断观察、分析、改进，企业的财务管理可以一步步走向卓越，真正让转型成为企业发展的内在动力。

成功的案例是企业转型之路上的明灯，它不仅提供了解决问题的方法，也能激发更多的思考和灵感。在实践中，我看到许多中小企业通过借鉴他人的经验，结合自身实际情况，找到了属于自己的转型方向。这种"站在巨人肩膀上"的智慧，为企业节省了试错成本，也加速了财务管理的优化进程，具体内容如图 10-3 所示。

```
1 策略借鉴：找到适合自己的路
2 团队执行力：转型的核心驱动力
3 领导层支持：决策与资源的双重保障
4 持续改进：从成功中发现新的方向
```

图 10-3　企业财务转型案例分析

1. 策略借鉴：找到适合自己的路

每个企业的转型路径可能不同，但成功案例中的方法和策略却有普遍的适用性。

> **经验总结**
>
> a.借助技术提升效率：许多企业通过引入适合自身规模的小型 ERP 系统或财务管理工具，快速提升了数据处理能力和流程效率。这些工具虽功能简单，但能很好地解决中小企业特定的痛点。
>
> b.跨部门协同：在成功案例中，财务与业务的深度融合往往是一个重要特点。比如，将财务数据与销售数据打通，不仅能更准确地评估市场趋势，还能为库存管理和定价策略提供有力支持。

> c.灵活应对变化：市场环境和政策的变化无法避免，但成功企业常常通过灵活调整业务流程或快速响应外部需求，抓住了新机会或避免了潜在风险。

对于中小企业来说，案例借鉴的关键在于找到与自身发展阶段和资源相匹配的实践，而不是一味追求"高大上"的方案。

2.团队执行力：转型的核心驱动力

没有强有力的团队执行，最好的计划也可能流于纸上谈兵。成功案例表明，团队的积极参与和高效执行往往是转型成败的分水岭。

经验总结

> a.明确职责分工：转型过程中，任务的分解和清晰的责任划分至关重要。一个物流公司在优化应收账款时，将责任明确到每一位专员，并设置了合理的绩效考核指标，显著提高了执行效率。
>
> b.加强培训：转型涉及新工具、新流程甚至新文化的引入，这需要通过系统的培训帮助员工快速适应。那些成功的企业往往将培训视为转型初期的核心投入。
>
> c.激励机制：转型过程中，适当的激励机制可以有效调动团队的积极性。比如，通过设立转型专项奖励，让员工感受到他们的努力与企业的成功息息相关。

打造一支专业且充满活力的团队，是转型成功的必要条件。

3.领导层支持：决策与资源的双重保障

成功的转型离不开企业高层的全力支持。领导层不仅是方向的制定者，更是资源分配的关键决策者。

> **经验总结**
>
> a.明确目标与愿景：许多成功的案例中，领导者都会在转型开始前明确表达转型的意义和预期目标，确保全员对方向和重点有清晰的认知。
>
> b.资源投入：财务转型需要一定的资源支持，无论是购买工具、雇佣专业顾问还是培训员工。领导层的支持能确保转型过程中资源分配的及时性和充足性。
>
> c.示范作用：一个零售企业的负责人在转型初期亲自参与了流程优化的设计，极大地鼓舞了团队士气，同时让全员意识到转型的重要性。

领导层的重视和参与，既能为转型提供必要的保障，也能为全员树立信心。

4.持续改进：从成功中发现新的方向

转型不是终点，而是一个持续优化的起点。成功的企业往往将每一次转型视为进一步提升的机会。

> **经验总结**
>
> a.建立反馈机制：成功的转型案例中，企业常常通过定期评估转型效果，及时发现不足并优化。
>
> b.鼓励创新：财务转型带来的不仅是流程优化，更是思维方式的革新。成功企业通常会鼓励员工在日常工作中寻找新的改进机会。

> c.共享成功经验：一个服装企业在完成转型后，将经验总结为内部手册，不仅帮助了新员工快速上手，还为后续的优化提供了参考。

持续的反思和改进，是转型效果能够长久保持的重要保障。

后　记

随着本书的撰写接近尾声，我的心中却并未感到轻松，反而涌动着一股新的动力。回顾整个创作过程，从最初的构思到资料的搜集，再到案例的分析与总结，每一步都凝聚了心血与智慧。而更重要的是，在这一过程中，我深刻感受到了中小企业财务转型的复杂性与紧迫性，以及它对于企业长远发展的深远影响。

财务转型不是一次性的任务，而是一个持续迭代、不断优化的过程。随着技术的飞速发展，特别是大数据、云计算、人工智能等技术在财务领域的广泛应用，中小企业的财务转型之路将更加宽广而深入。未来的财务，将不仅仅是数字的堆砌，而是数据的洞察、风险的预警和价值的创造。

本书虽已完稿，但我的思考与探索并未停止。我期待着与更多的中小企业管理者、财务人员一起，继续在这条路上前行，共同面对新的挑战，抓住新的机遇。我相信，只要我们保持开放的心态，勇于尝试，不断学习，就一定能够找到最适合自己企业的财务转型之路。

最后，我想说的是，财务转型不仅是企业层面的变革，更是每一位财务人员个人成长与转型的契机。让我们以更加积极的态度，拥抱变化，不断提升自己的专业技能与综合素质，成为推动企业财务转型与升级的中坚力量。